最強の介護職、最幸の介護術

“燃える闘魂”介護士が教える
大介護時代のケアのあり方

山口晃弘

ワニブックス
|PLUS|新書

プロローグ　〜介護は最高のエンターテイメント！〜

実践報告会での感動の涙

「元気ですかーッ!!」

平成24年（2012年）3月16日。私は東京都世田谷区にある玉川区民会館のステージに立ち、雄叫びをあげていた。400名を収容できるホールがほぼ埋まっている。客席にいる方たちは、ご高齢の方から中年層、学生であろう若い層。さまざまな方たちが集まっていた。そして、そこにいる多くの方たちが涙を流している。目にハンカチを当てている…。決して悪い意味ではなく、それは〝異様〟ともいえる光景であった。

これは毎年3月、年度末の恒例イベントとなった「特別養護老人ホームさつき荘 実践報告会」でのシーン。実践報告会とは、さつき荘の職員たちが、一年かけて取り組んできた新たな介護の試み（入居者・利用者の方へのケア）を3本立てにして発表するイベントである。この発表の内容に、客席の多くの方々が感動し涙を流していたのである。

最初の発表は、『地域と共に歩んでいきたい』。

昭和51年（1976年）に誕生した社会福祉法人「老後を幸せにする会」と、特別養護老人ホーム「さつき荘」。創設者は蓑茂上（みのも・たかし）。現在のさつき荘の地で「共愛病院」を運営していた医師であった。長年、地域医療に力を入れていた蓑茂医師は、この地域のみなさんが高齢になっても安心して住める街をつくるために、さつき荘を建てた。現在もさつき荘と聞くと「ああ！蓑茂先生のところね！」と言われるほど、蓑茂医師の存在は大きかったのである。

おかげさまで、さつき荘の入居者が地元・尾山台の街を歩けば声をかけてくださる方も多く、商店街のお店に入れば「どうぞどうぞ」と車椅子でも入れるようにしてくださる。

特別養護老人ホーム（特養）に入居すると、身体の機能が低下する、といまだに思われていることが多い。たしかに特養に入居すれば介護はもちろん、看護師がいて、相談員がいて、ケアマネジャーがいて、栄養士がいて、リハビリ職員もいて、買い物はおろか掃除や洗濯もする必要がない。つまり、施設のなかから一歩も出なくても生活が完結してしまう。

今回の実践チームは、これを改善するために一年間取り組んできた。

介護保険法第1条「目的」には、「個人の尊厳」という言葉がある。たとえ高齢になっても、たとえ介護を受けるようになっても、個人の尊厳は尊重されなければならない。だとすれば、社会参加することも個人の尊厳であり、**車椅子であっても、認知症であっても、寝たきりであったとしても社会参加する権利がある**。

さつき荘の入居者の要介護度は高い。いわゆる寝たきりの方も多い。しかし、それでも社会参加する権利、地域交流する権利はある。

この年（平成24年）、さつき荘は「ハッピーマップ」という地図をつくり、さつき荘の入居者にドンドン地域に出かけてもらった。出かけた先で写真を撮り、ハッピーマップに貼りつけていった。親切にしてくださる地域のお店を、さつき荘が発行している通信に掲載した。

こうして積極的に地域交流することで、さつき荘の存在を地域のみなさんに知っていただいた。それは同時に、高齢になっても、車椅子であっても、認知症であっても、寝たきりであっても、社会参加できる、地域交流できる、いや、するべきである！という、さつき荘の姿勢を知っていただくことにもつながっている。

かつての日本は「向こう三軒両隣」という言葉があるぐらい、近所づき合いが活発だった。ところが、いつしか近所づき合いはおろか人間関係も希薄になり、義理人情の厚い国民性は消えつつある…。

しかしそれは、現代の高齢者の方たちがつくってきてくれた大事な文化を消してしまうことでもあるのだ。さつき荘が地域ケアの拠点となり、地域の方たちが介護を受けるようになったり、認知症になったとしても、**助け合える安心して生きていける街を地域とともにつくっていきたい**、という発表を実践報告会で行なった。

二番目の発表は、『クレドの実践で育まれたホスピタリティの心』。

さつき荘では平成22年（２０１０年）から、「クレド」という制度を導入した。

クレド（Credo）とは、ラテン語で「信条」「志」という意味である。それはさつき荘の介護に対する想いと約束事が書かれた職員証だ。クレドを作成した目的はホスピタリティ（おもてなしの精神）の向上、不適切なケアをなくすこと、職員が自らの仕事に誇りを持つこと…などがある。

なぜこのようなものをつくったかというと、当時、介護施設における虐待事件が相次いで報道され、世間に衝撃を与えていた。職員たちはなぜそのような事件が起きるのかを分析した。職員たちが至った結論は「そのような施設は人が育つ環境にない」ということ。介護が必要になった高齢者は、肉体的にも社会的にも弱い立場にある。つまり介護者は強者になってしまう可能性がある。

だからこそ介護職には、倫理、道徳、優しさ、思いやりを持たせなければあのような事件が起こってしまうのである。介護という仕事に誇りを持っていれば、あのような事件は起きない。さつき荘はクレドという手段を使って、介護という仕事に誇りを持てる環境をつくった。

さつき荘のクレドは、食事、入浴、排泄、リスクマネジメント、ターミナルケアなど9つの項目に分かれているが、柱となるのは以下の3本だ。

一、さつき荘では、利用されるすべての高齢者の方たちが「ここに来て良かった」と思っていただけるおもてなしをいたします。

二、さつき荘では、お客様から「ありがとう」をいただけるようなサービスをめざします。言葉で伝えられない方からは、笑顔で過ごしていただけることを満足度の目安とします。

三、さつき荘では、誰に対しても公平平等なサービスを土台とし、そのうえにある画一的ではない、一人ひとりが求めている幸せのかたちを追求します。

そして、これを実現させるために、内部研修では初級5時間、中級5時間、上級7時間の授業を階層別につくり実施したのである。これにより、毎年行なう利用者満足度調査の数字は格段に上がった。

またこの年は、ショートステイサービスの質の向上を目指した。今まではどちらかというと入居者のサービスに力を入れていたため、ショートステイ（短期入所）はレスパイト的（お泊まりしていただくことで介護する家族の負担を軽減するため）に行なっていた。そのような気持ちでは実際にショートステイを利用する方の満足度など上がるはずもない。

さつき荘へショートステイに行ってもつまらない。家族が勝手に申し込んでいるから行っている…。それが、ショートステイを利用する当人の偽らざる気持ちであった。

ご家族に本音を聞けば、「一日だけと騙して連れて来ました」「本人には病院だと言ってありますので」「ショートステイと言うと嫌がるんです」という声が返ってきた。

それならば！ショートステイが、利用する本人にとって、「嫌々行く場所」から「行きたい場所」に変えることができれば…。私たちはそこにチャレンジすることになった。

まず行なったのがインタビューやアンケート。

そんなことか？と思われるかもしれないが、ショートステイ利用時のケアプラン要望項目を埋めるだけのアンケートではない。ショートステイ利用中にやりたいこと、ではなく、生活のなかで、人生のなかでやりたいこと、行きたい場所、死ぬ前にあれだけはやっておきたい！ということ。これをおうかがいしたのだ。

定期的にショートステイを利用されていた男性Cさんは、見るからに〝頑固爺さん〟という印象。娘様（介護職はご家族の方を、「様」をつけて呼ぶのが一般的）とその娘様（孫）との同居。ご自分以外は女性ばかりの家のなかで威張り散らしていたCさんに、娘様、お孫様は疲れ果てていた。そんなCさんに私からお話をし、娘様が少し体を休めるためということで、ショートステイ利用を渋々承諾してくださった。

それだけでも、娘様たちは「奇跡！」と言ってくださった。それから毎月3泊4日程度、娘様たちのため…という理由で、Cさんは渋々さつき荘に来ていた。このCさん、徐々にさつき荘の介護職に心を開いてくださり、ご自分の過去の話や仕事の話などいろいろ聞かせてくださるようになった。

そのなかで、亡くなられた奥様とよくデートした公園をうかがうことができた。体の大きなCさんは車椅子を使用している。歩くことはできない。ご家族から話をうかがうと、娘様たちではCさんの体が重すぎて、外出させてあげることはできないということだった。

それならばということで、介護職はショートステイ利用期間中にCさんと想い出の公園に行く約束をした。男同士、腹を割って話し、メシを食いながら一緒に自分たちの考えを話すことは、一気に心の距離を縮めることができる。この時のショートステイからご自宅へ帰られる際、「いや〜ホントに楽しかった！　ありがとう！」と今まで見たことのない笑顔で帰って行かれたのが印象的だった。

それ以来、Cさんは娘様たちに「おい、来月のさつき荘のショートステイ、ちゃんと予約したか？」と確認するまでになったそうである。

自分らしく生き、自分らしく死ぬこと

最後の発表は、『今だからできること』。

さつき流ターミナルケア（看取り）の発表である。

それまでもさつき荘は、ターミナルケアに関する取り組みを積極的かつ誠実に行なってきた。90年、100年と生きてきた方の一生が終わるのだ。ターミナルケアを行なうからには、それに見合った場所でなければならない。

数年前まで、介護職は「死」という話題を避けて通ってきた。例えば、入居者が「私は死にたい」と言い出しても、「まあまあ、そんなこと言わないで、元気出してくださ い」とその場を離れたり、話題を変えたり。

しかし、それでは入居者の本当の気持ちはわからない。人が間もなく死を迎えようとする時、すでにその人は言葉を発することさえ難しくなっている場合がほとんどである。ドラマのように、最後にお別れの言葉を残してこの世を去る、などということは現実的にはほとんどないのである。

だからこそ、聞けるうちに聞いておかなければならない。最期はどこでどうやって、誰に看取られたいか？　死ぬ前にやりたいこと、会いたい人、「死」をタブーにしていては本人がどのような最期を望んでいたのか、わからないではないか？

だからさつき荘では、**「死」という話題をタブーにしないことを約束事にした**。それはご家族に対しても同じ。というより、ご家族こそ知っておかなければならない、タブーにしてはいけないことなのである。

そんななかで、介護職が提案したのが「今だからできること」。悔いの残らないように、今できることは今やりませんか？ということである。

そのひとつの取り組みとして、「久しぶりに、お母様の背中を流してみませんか？」という案内を出させていただいた。自宅での介護が困難だから施設に入居されたのである。当然、入浴の介助などご家族ができなくて当たり前。そこで介護職はひと言、「私たちがお手伝いしますので、安心してお越しください」とつけ加えた。

このことに関しては、この後第11章で詳しく触れていこうと思う（ファイル№11参照）。


そして、看取りの時。

この年（平成24年）も数名の方が他界され、さつき荘でお見送りをした。なかには身寄りのない方もいた。この方はさつき荘のなかで葬儀を執り行い、職員たちは、お寿司を食べながらその方の想い出話に花を咲かせた。


100歳を超えていたHさん。

医師から「老衰です。余命あと数日、といったところでしょう」と言われた。

幸いなことにHさんは最後まで意思確認ができた。これから旅立たれて行くHさんをただただ黙って見ているのは辛かった。

職員は、Hさんに「何か食べたい物はない？」と聞いた。

「ああ」と、Hさんがうなずく。

「何が食べたい？　お粥？」

「ううん」

「ゼリー？」

「ううん」

「…鰻？」

「ああ」

Hさんは、力強く返事をした。

「鰻かぁ。大丈夫？　喉に詰まったりしないかい？」

「ああ」

看護師、栄養士とも相談し、鰻を食べてもらうことにした。もちろん軟らかくして介助をしての食事だったが、Hさんはうれしそうに鰻をたいらげた。

職員はHさんに聞いた。

「Hさん、お金は墓場まで持って行けないから、美味い物でも食べようか？」

Hさんは、

「あはは！　ああ！」

と、大笑いした。

それから、Hさんの食事はいつが最後の晩餐になってもいいように、贅沢で美味い物を用意した。

Hさんの最期は穏やかだった。死に顔も本当に自分の人生を自分らしく生きた、という誇りすら感じる顔をしていた。Hさんは自分らしく生き自分らしく死んだ。


介護職員は、言うまでもなくふだんの仕事は高齢者の介護。プレゼンテーションの経験はない。その彼らの発表がどうして多くの方たちの涙につながったのか？　そもそも一事業所が行なう発表会に、なぜこれだけ多くの方が集まっているのか？

3本の発表の後、私はステージに立ち、冒頭の「元気ですかーッ‼」を叫んだ。涙を拭くお客様の顔が一瞬にして笑顔に変わる。若い層の方たちが「元気でーす！」と返してきた。これが大事。さつき荘の実践報告会は涙で終わってはいけない。涙の後に元気を持ち帰っていただくのがコンセプトなのだ。

私はさつき荘で出会った利用者との想い出を話す。そして、最後はその年に他界された利用者のみなさまの写真がピアノのメロディをバックに流れ、会場が再び神聖な空気に包まれる。

しかし、エンディングはこれからだ。

映画『ロッキー』の有名なテーマ曲が大音量で流れ、スクリーンには笑顔満開のさつき荘のお年寄りと職員たちの写真がこれでもか！と出てくる。ここで会場のボルテージは最高潮に。

人の死は神聖であり時に涙を誘うが、人の笑顔、活き活きと生きる姿も感動を呼ぶのである。2分48秒のロッキーのテーマ曲が終わると同時に、満員の客席から鳴りやまぬ拍手が起きる。

誤解を恐れず言えば、**最高のエンターテイメント**が幕を閉じる。

感動してくださったお客様たちが会場の出口に並び、職員たちを迎えてくれた。

「最高だったよ！」

「ありがとう！」

「今日は来て本当に良かった！」

みなさんに握手を求められ、ちょっとした芸能人気分（!?）。

かつて新日本プロレスのリングで、藤波辰巳（現在は辰爾）から初めてピンフォールを奪った長州力が「俺の人生にも、一度ぐらいこんな幸せな日があってもいいだろう」と言った有名なセリフがあるが、おそらくさつき荘の介護職たちも、この日だけはそんな気分だったのではないだろうか？　もしかしたらお客様以上に、発表した介護職が感動していたかもしれない。そんな一日であった。

高いスキルを持った介護職

この本のタイトルを『**最強の介護職、最幸の介護術**』としたのは、私自身の本音であり願いからだ。本文を読み進めていただければわかると思うが、まず私が伝えたいのは**介護職という職業が、いかに高く優れたスキルを持った職業**か、ということである。

世間の企業の人間が、他の企業や職種からヘッドハンティングなどを考えた場合、介護職などまったく眼中にない。それは介護職という職業の人間の力を軽視しているからではなく、介護職がどのような職業で、どれだけのスキルを持っているかを知らないからである。

そういう方にぜひこの本を手にとってほしい。きっと介護職という職業に興味を持ち、欲しい人材の対象となることであろう。詳しくは本文のなかで述べていくが、介護職という職業は、一流企業のビジネスパーソンと比べて絶対に勝るとも劣らない。

まさに**介護職は、職業人として「最強」**だと私は信じている。だからこそ、この本を真っ先に読んでほしいのは一流企業の社長や管理職だ。

そしてそのスキルである**「介護術」が、他業種でのビジネススキルとして活用でき、さらには日本の未来にとって必要な力になる**と思っている。

さらに、戦災をはじめ多くの苦労を体験されてきたお年寄りの方々に、今こそ「最幸」の日々を送ってほしい。**超高齢社会ならぬ、「超幸齢社会」をつくりたい**。それこそが私自身の本音であり、願いでもある。

また、この本のなかで同時に伝えていきたいのは、**介護職という仕事の魅力**でもある。

正直言って、介護職に対する世間のイメージはあまり明るいものだとは言い難い。重労働、低賃金、慢性的な人手不足…。離職率の高い職業として、常に上位に入り、就職難の現代社会においても成り手は少ない。そのような状況下においても、毎日額に汗しながら介護にあたる職員たち。

介護や福祉の仕事をしていると人に話すと、「偉いですね」とか「大変ですね」という言葉が返ってくる。介護職の人なら多かれ少なかれ同じ気持ちだと思うが、そのような評価はじつはありがたくない。われわれも他の業種の方と同じように月末に給料をもらう一会社員だ。だから「偉い」とか「大変ですね」と言われるよりも、介護職と聞いた人から「凄いですね！」と言われたい。そして、そういうリアクションに変わる日が近いと信じている。

私はこの介護職の味方であり、介護職を全面的に支持する。そしてこの本は、なぜ介護職が優れていて、なおかつ現代社会において「最強のビジネスパーソン」と言えるのかを整理することによって、自らの職業に誇りを持ってもらいたいという応援本でもある。

私自身は、現在は現場で働く介護職ではなく、グループホームという施設で管理者の仕事をしている。だが「現場に戻れ」と言われれば喜んで今の座を捨てる。それほどまでに介護という仕事は面白く、やりがいがある（もっともいまだに現場での仕事も多いのだが…）。

私も今までにアルバイトも含め、製造から営業までたくさんの業種を経験してきた。重労働だったり、危険な仕事だったり、給料の高い仕事もあった。逆に仲間との連携や自分の趣味の延長など、給料は高くなくても楽しい仕事もあった。数ある仕事のなかで、**私は介護という仕事が一番やりがいがある！と断言する**。

それほどまでに介護という仕事は奥深く、魅力がある仕事なのである。

それなのに成り手が少ないのは、メディアの影響が大きいのではないだろうか？　介護がいかに大変な仕事かということをニュースなどで取りあげてくれるのはいい。しかし、その伝え方が、時にネガティブで陰気臭く、「よくやってるな〜」という印象を見る者にあたえ、「なりたい職業」からかけ離れてしまう。これは一種の風評被害と言ってもよいだろう。

本当に良い職場で、良い環境の下、働くことができれば、これほどまでにやりがいのある仕事を辞めようと思う者は、そういないはずだ。

だからこの本のなかでは、**介護の職場で起きる数々のエピソードもできるだけ紹介していきたい**。これらの事例を通じて、介護職が人の役に立てる仕事であるだけでなく、同時に自分自身が人間として成長できる仕事であることもわかっていただけると思う。

また、現在介護をされている方、介護を受けられる方、その家族の方々などにも大いに参考になる事例かと思う。そんな感動的なエピソードもぜひ読んでいただきたい。

この本を読んで、介護の仕事をしようと思う人、介護という仕事を誤解していたと気づいてくれる人、介護職をわが社に引き抜こうと思ってくれる人、そんな人たちがたくさん現れてくれると良いな～と私は願う。もちろんこれから（今も）介護サービスを必要とする方やその家族の方たちにも、本書を通じて介護職の仕事についてぜひ知っていただきたいと思う。

この本を読んでくださった方が、介護という仕事を見直し、世間の評価が変わっていくことを切に願う。

これからの社会…というより、世の中に絶対に必要な仕事だからこそ、**介護という仕事の本当の中身が発信されるきっかけ**になってくれることを願って、本文に入ろう。

※本書の内容に関しては私個人の見解を述べたものであり、当法人、当事業所の理念や方針と必ずしも一致するものではないことをご了承ください。

平成26年9月

〝燃える闘魂〟介護士　山口晃弘

目次

第1章

混迷する社会を救うのは、「介護職」である

問題は介護サービスの「質」

日本社会に不安を感じている人は少なくない。

第2次安倍政権が誕生し、たしかに一部大手企業の利益は上がっている。アベノミクスの効果により、個人所得が上昇していることも安倍総理は強調しているし、それも事実であろう。東京オリンピック開催も決まり、建設業界の勢いはさらに加速すると思われる。そうすれば、雇用も促進され、日本経済は徐々に安定するかもしれない。

ただ、なぜだろう。ここ20年の間ではたしかに一番といっていいほど、景気は回復に向かっている。だのになぜ、日本人は幸せに見えないのだろうか？　人が幸せを感じることというのは、憲法第13条の幸福追求権で保障されているように、それぞれに違うものである。ただ、そこには共通点もある。人が幸せを感じること、心から笑えるためには、将来への不安を取り除かなければならない。

バブル崩壊後、走り続けてきた日本は、一気に坂道を転げ落ちるかのように勢いを失った。不況、少子高齢化、就職難、自殺者の増加、猟奇的な事件、アジア情勢の悪化、震災…。多くの人がこれからの日本社会がどうなるのか？　自分たちの将来は、老後はどうなるのか?と不安に感じている。

私は、この**日本人の不安を取り除く手段、日本再生の大きなポイントになるのが「介護職」**だと思っている。「介護」ではない。「介護職」である。

本文のなかで、この介護職が持つスキルについて話を進めていくわけだが、この介護職という職業の確立、育成こそが、この国の将来を切り開き、現代社会における人びとの不安を取り除くのである。

病気や不慮の事故によって命を失わない限り、ほとんどの人が80年以上の人生を生きることになる。80代でも何十kgものベンチプレスを上げるボディビルダーもいるぐらいだが、**多くの人は何かしらの支援や介護を要する**ことになる。

医者も、社長も、弁護士も、政治家も、どんなに地位や名誉があっても、こればかりは避けられない現実。そして、その支援や介護は誰がするのか?　子が親を介護するのは当たり前。そんな時代はとっくに終わっている。今は少子化で子どものいない家庭も多い。子どもがいたところで、必ずしも親の介護をしなければならないという時代ではなくなった。

みなそれぞれの人生や生活があり、それらを犠牲にしてまで親の介護をしなければならない、という風潮ではないのだ。もちろんそれを「良い」と言っているわけではない。私はむしろ古い考えなので、できれば親は子がみてほしいと思っている。だがそれを当たり前と呼ぶには、現代社会はあまりにも条件が悪い。

みな働かなければ食べていけない。私のような40代の人間は、将来の年金などあてにならない。働いて貯蓄をしておかないと自分たちの未来がなくなってしまう。それに長年続いた不況により、働き口があるだけ幸せという時代だ。

人員整理でリストラでもされたら、それこそたまったものではない。親の介護だ、通院だと休みをとっていたら、いつ会社から肩たたきされてしまうかわからない。他にも理由は多々あるが、とにかく高齢になって介護を受けるようになったとしても、それを担ってくれるのは、必ずしも自分の子ども家族ではないということだ。

しかし、これを不幸だと思う必要もない。平成12年（2000年）に介護保険法が施行されてから、私たちは介護保険料を納めてきたのだから。逆にいえば、高齢になってから**介護保険による介護サービスを受ける権利がある**のだ。堂々と介護サービスを利用すればいい。

問題は、その質だ。

介護サービスと通常のサービスとの違いはこの後述べていくが、例えば高級ホテルなどのサービスと比べてみてほしい。私たちは、自分でできることを、時には解放されて、人にやってもらいたいと思うことがある。主婦の方であればたまには誰かに食事をつくってほしい。食べた後の後片づけも気にしないで、そのまま寝たい。それをやってくれるのがホテルなどのサービスである。

上げ膳据え膳。至れり尽くせり。たまに日常生活から解放されて、こうしてもらえることで幸せを感じることができ、自ら望んで購入するサービスなのである。

このような一般的なサービスの概念とは、自分でできることを人がやってくれるということに満足感があり、それに対する対価を払って贅沢をしたという喜びを得られるのである。

介護サービスは、その根本的な部分から違う。できることを相手にしてもらうのではなく、できないから相手にしてもらわざるをえない。

たいていの人は、食事は自分のペースで食べたい。排泄など他人には見られたくない。入浴も同様であろう。だが、それを自分ではできなくなってしまったがために人の介入が必要になる。贅沢、という言葉とはほど遠い感覚のサービスなのである。

しかしながら、前述したように80年以上の人生を生きることになると、多くの人がこの介護を必要とする。となれば、この介護サービスの担い手である介護職の質こそが、これからの日本の将来を左右するといっても言いすぎではないのではないか?

私は「介護」という言葉から連想する、社会のネガティブなイメージを変える世の中をつくっていきたい。

80年、90年と生きた方の人生は、決して平坦なものではない。私はこの方たちの半分程度、まだ43年しか生きていないが、それでも振り返ると辛く苦しいことが多かった。苦しくて逃げ出したいこともあった。いや逃げてしまったこともあった。たかだか43年しか生きていないのに、それでもこのように思うのである。

その倍以上を生きてきた、高齢者の方々の人生はどうだろう。

しかも、私のような者とは生きてきた時代背景も違う。戦中、戦後を生き抜いてきた人たちなのだから。私の振り返る苦しみとはわけが違う。逃げ出したくたって逃げるところすらない。物のない時代でも自分より年老いた親のことや小さな子どもの面倒を必死で見てきた。その後の、急激な経済成長の荒波のなかでも必死に生きてきた。

そんな方たちが、高齢者になり、介護を要することになった。晩年、今までの苦労が報われてほしい、と思うのが当たり前のことではないか。

介護保険法の目的は「自立支援」

介護保険法の目的は「自立支援」である。

介護保険法第1条「目的」には、「その有する能力に応じ自立した日常生活を営むことができるよう…」とある。要するに、介護が必要になっても、**できることはできるだけ自分でやってもらって自立を支援するのが介護職の仕事**である、ということが書かれている。

自立支援のあり方については、この後も触れていくが、強要されるような自立支援なら本末転倒である。憎たらしい若僧に自立支援など強要されるぐらいなら死んだほうがマシだ、と思う人もいる。私は、その口だ。

介護職の職業目的が自立支援だというなら、高齢者を毎日笑わせて、楽しませて、明日が楽しみになるような今日をつくることだ。

そんな毎日を過ごしていれば、高齢者は「健康でいたい」「長生きしたい」と思い、健康で長生きできるように努力してくれるようになる。体に悪いものは極力避け、体に良いものを積極的に食べてくれるようになる。強要されなくても、朝起きると体を動かしたり、体操に参加してくれたり、筋力が衰えないように気をつけてくれるようになる。

“最幸”の介護エピソード・ファイルNo.1

女性入居者Eさんは元教員をされていた。入職してくる新人介護職員にとって、Eさんは登竜門のような存在。厳しい女性だった。
食事が気に入らないと
「こんなマズイものが食えるか！」
と、職員を呼びつける。

介助の仕方が悪いと言っては、職員の髪の毛を引っ張ったり、お茶をぶっかけたり。とにかく機嫌を損ねてはいけない。そんな試練を乗り越えた、一人の男性職員Ｙのことを E さんはとても気に入っていた。

脳梗塞の後遺症により半身麻痺のある E さん。トイレに行くまでには、片腕で脚に装具をつけたりしなければならないため、時間がかかる。

それを面倒くさがって、

「おむつにして」と言って来るが、

「ダメ～。面倒でも、トイレまで行くのがリハビリだと思って、頑張って！」

とお気に入りのＹ職員に言われると、渋い顔をして装具をつけ、トイレまで杖をつきながら行くのであった。

頑張ってトイレまで行って、帰って来ると、部屋のナースコールを押してＹ職員を呼ぶ。

「どうしたの？」と聞くと、

「Ｙちゃん、トイレまで行ってきたのよ。偉いでしょ？」と褒めてほしがるのである。

困ったものだ。

そんなEさんだったが、ある時期を境に、急に大人しくなってしまった。

不慣れな新人職員が介助をしても、文句ひとつ言わない。傍から見ていて、逆に心配になり、職員のYは、

「Eさん、最近元気ないなぁ。たまには、前のように怒鳴ったり、お茶ぶっかけたりしたら?」と聞いた。

すると、Eさんは
「私ね、自分が病院に入院してから思ったのよ。いつかあっちの世界に行く日が来るんだな、って。その時に誰からも思い出してもらえないなんて淋しいじゃない。だからみんなに嫌われるようなことはやめよう、って思ったのよ。Yちゃん、たまにでいいから私のこと思い出してね」

と淋しそうに言った。

職員のYは、

「あっはっは! 馬鹿だな〜。思い出すことなんかないよ。忘れないんだから」

と言った。Ｅさんは、

「Ｙちゃん…」と言って、大泣きした。

そのやりとりの数日後、Ｅさんは旅立ってしまった。

人間は、自分の死期を悟ることがあると聞いたことがあるが、まさにその時のＥさんは、まるで死期を悟っているかのようであった。

“最幸”の介護エピソード・ファイル№２

90代の女性Ａさんは健康志向で、ふだんから運動をしたり食事にも気をつかっていた。だがある日の健康診断で糖尿病であることを宣告された。今まで健康に留意してきたぶん、Ａさんはひどくショックを受けていた。

それからＡさんは一切の食事、水分をとらなくなった。職員が代わる代わる声をかけに行くが、

「いらない。食べたくない」

と掛布団を頭までかぶってしまい、口にしようとしなかった。

そしてある日の夜遅く、恐れていたことが起きた。低血糖症状である。顔色がおかしい。体が小刻みに震えている。言葉も聞きとりづらい。看護師のいない夜間帯。職員が一生懸命にジュースや砂糖を勧めるが、口にしてくれない。

一人の職員が慌ててAさんの大好きな男性職員を呼びに行った。

「Aさん！　本当にそんなことしてたら、死んじゃうよ！」

と、その職員は言うが、

「いいのよ！　もう生きてたってしょうがないから、ここで死ぬのよ！」

と、Aさんも引かない。

「Aさんの好きなジュース買ってきたよ。お願いだから飲んでよ」

と、優しく言っても、

「もういい！　何もいらない！」

と、Aさんも興奮していた。

それを聞いた職員は、

「いい加減にしろ！　どれだけみんなが心配してると思ってんだ！」と、怒鳴った。

掛布団を頭からかぶっていたAさんは初めて顔を出し、しばらくばつの悪そうな表情でその職員を見つめると、ジュースを手に持ちグイッと一気飲みした。

この後、低血糖症状は治まり、翌朝からAさんは食事もしっかりととるようになった。


私は、「介護サービス」の中身の説明をしながら、2つのエピソードのなかに、このサービスにおいてはとうていありえないやりとりを紹介した。

利用者は職員にとってお客様である。最初のエピソードの「ダメ～」とか、「馬鹿だな～」とか、そんな言葉づかいは当然適切ではない。

2つ目のエピソードでは「いい加減にしろ！」と、あろうことか利用者を怒鳴りつけているではないか。本来、あってはならないことで、肯定するつもりはない。

ただ、2つのエピソードの男性職員とは、何を隠そう私自身である。本にするにあたり、もちろん言葉を修正することはできるが、あえてその場のリアルさをお伝えするために修正を加えなかった。

私は未熟者である。目の前で大好きな婆ちゃんが死を悟ったようなことを言ったり、自分で命を断とうとしているのだ。言葉など選んでいる余裕はなかった。気がついたら怒鳴りつけていた。

前述したとおり、肯定するつもりはないが、このEさんやAさんという婆ちゃんが大好きだった、という気持ちだけは胸を張って真実だと言える。ちなみに糖尿病のAさん。この時93歳だったが、その後、元気を取り戻し101歳まで生きた。

この国に非常ベルが鳴っている

介護は本来、在宅でするものだ。この概念は間違っていないと思うし、国もその方向で動いている。そのせいか、介護施設、老人ホームに入居するということは、いまだに不幸なイメージがつきまとう。だが、この本を最後まで読んでいただけたら、きっとそのイメージは逆転してくれると思う。

高齢になって介護施設、老人ホームに入居することができたらラッキー（あくまで利用者本人の感想として）。そういう時代が必ず来る。いや、必ずつくってみせる。そのためには介護職という職業の地位を向上させなければならないのである。

この本のなかでは、私がかつて所属していた特別養護老人ホームさつき荘でのエピソードと、そこで働く介護職たちの持つスキルについて紹介していく。数々の感動的なエピソードをつくりだす彼らだが、その業績と能力に対する対価（給料）は決して高くない。

どの仕事でもそうだが、その仕事の水準を上げていくには良い人材に恵まれなければならない。良い人材が良い組織をつくり、良いシステムをつくり、良いサービスをつくるのである。良い人材を得るためには、良い条件が必要である。それには今の介護業界の給与水準はあまりにも低すぎる。国も介護職の給与改善には取り組んでいるものの、不十分と言わざるをえない。

改めて言うが、**日本再生の鍵を握るのは介護職**である。

老後に不安を感じない。人に優しい社会をつくり、長生きする価値のある国になる。生まれ変わっても、またこの国に生まれたいと思えるような社会にできるかどうかは、介護職こそが鍵を握っているのである。

だとしたら、この職業を見直さなくていいのか？　もっと社会的地位を向上させなくていいのか？　これを社会問題として提起したい。いや、提起するだけではなく、自らがこの闘いに挑む覚悟である。その第一弾がこの本になる。

昭和62年（１９８７年）６月12日。両国国技館で行なわれたＩＷＧＰ優勝戦。アントニオ猪木対マサ斎藤のプロレス試合。決着が着いた直後のリングに上がったのは長州力だった。

マイクを取った長州は、同世代の藤波辰巳、前田日明に「藤波、前田、お前らは噛みつかないのか。今しかないぞ、俺たちがやるのは！」と、叫んだ。

平成25年（２０１３年）の流行語大賞では、「今でしょ！」が選ばれたが、私のなかではそのはるか以前、昭和62年の流行語大賞が「今しかないぞ、俺たちがやるのは！」だ。

プロレスという世界は本当に特殊な世界である。本来、格闘技ならば力と技が一流の者であれば、トップに登りつめるのは当たり前のことであるが、プロレスというジャンルはそれだけではトップに登ることはできない。

そこに求心力、カリスマ性が必要なのである。当時、プロレス界の絶対的カリスマはアントニオ猪木、ジャイアント馬場であった。世間の認知度は他のプロレスラーの比ではなかった。猪木、馬場がトップに立ち続けていてくれる限り、プロレス界は安泰であった。つまり猪木、馬場を排除することはプロレス界の終焉を意味する可能性があり、そこには多大なリスクがあった。

しかし、そのリスクをすべて背負う覚悟をし、敢然と立ち向かったのが長州力であった。「今しかないぞ！」という心の叫びは、プロレスファンの心をワシづかみにした。それは、長州力が安住の地を嫌い、自らいばらの道を選択したことを誰しもが感じとったからである。

長州力の言葉を借りれば、今、介護業界にも「非常ベルが鳴っている」のだ。大きく言わせてもらえば、それはこの国に非常ベルが鳴っている、とも言えるのだ。

歳をとった**高齢者を脅かすような社会は、非常に危険な状態である。**誰しもが歳をとる。誰しもが行く道である。つまり、高齢者と言われるまでになるには、社会を生き抜き、家族を守り、大変な苦労をしてきているのだ。そのヒストリーに目を向けることとなく、目の前の年老いた「老人」だけを見て介護するのであれば、これは危険なことである。

ましてや認知症になればいろいろなことを忘れてしまったり、もの言えぬ状態になっている方も多い。そういう状態になった方にも、今までの人生、苦労に敬意を払い、尊重し、介護にあたれる介護職を育てなければ、虐待事件にも発展しかねないのである。

これは高齢者福祉領域だけでできる話ではなく、子ども時代の教育から考えていかなければならない社会問題である。このような大きな問題は放置すればするほど、後廻しにすればするほど取り返しのつかない状態になっていく。誰かがやると思っていても、みんながそう思っていたら誰もやらない。誰かがそのリスクを背負ってでもやらなければならないのだ。

長州力が放った言葉、「今しかないぞ、俺たちがやるのは！」。

私はその「俺たち」の一人になる。この本を読んでくださった方のなかに、私の想いに共感してくれる方がいれば「俺たち」に加わってほしい。

それほどまでに、私はこの国に鳴り響く「非常ベル」の音が耳から離れないのだ。

第２章

生活支援のプロフェッショナルとして

絶対的に足りない特養

ここでは私自身も長く勤めた特別養護老人ホーム（以下、特養）がどんなところなのか、ざっと説明しておきたいと思う。

特養とは、要介護認定1～5の認定を受けている方が入居する。つまり生活のなかで、生きていくうえで介護を要する人が生活する場である。

一般的には、要介護認定1の人より5の人のほうが介護量を必要とする。ちなみにさつき荘の平均介護度は、本書を書いている段階で4・4（利用数50名）。これは老健（老人保健施設）など、ほかの高齢者施設のなかでも平均介護度が高いと言われる特養で、そのなかでもかなり高いほうである。こういう状況を「重度化傾向」などと介護業界では言ったりする。

さて、それではどうすれば特養に入居できるのか？というと、基本的には「介護保険制度」を利用する。2000（平成12年）年から始まった「介護保険制度」は、利用する側がサービス業者を選ぶということが大きな目的としてあった。だから、入居したいと思った方が施設に申し込むことになるのだが、今の世の中、この**特養という施設が絶**

対的に足りない状況にあり、厚生労働省の調査では全国で52万人以上の方が待機しているといわれている。

だから、申し込めばすぐに入れるという仕組みになっておらず、世田谷区のような大きな自治体では、区に申し込みをする。そうすると区が申請された高齢者の体の状態や家族の介護力などを総合的に判断してポイントをつける。そして、この**ポイントの高い方から優先的に各施設が受け入れる、といった仕組み**になっている。

特養は介護付き有料老人ホームなどに比べるとはるかに安い利用料で入居できることもあり、さつき荘のような50人という小さな受け入れ施設でも３００人以上の方が待機状態にある。このことからも、いかに特養という施設の数が足りていないかわかっていただけると思う。

先ほど「重度化傾向」と言ったが、身体的に、いわゆる寝たきりと言われる状態の方が増えている。そうすると特養に入居しながら、生きていくうえで医療を必要としている人が多いということである。

みなさんは「胃ろう」という言葉をご存知だろうか？　日本では主に高齢化が原因で、

口から食事をすることが難しくなるいわゆる嚥下《えんげ》障害の方に対してお腹に穴を開け、胃に直接管を通し、栄養を注入するという処置である。

こういう医療を必要とする方が特養に増えている。この方たちの食事風景はというと、ベッドに横になったまま、点滴と同様の仕組みで栄養がポタポタと流れている状態。または看護師がゆっくりと栄養（薬剤）の入った袋を注入している姿。長く病院に入院していた方が多いため、ベッド上での安静生活を余儀なくされ、重力に逆らったり筋肉を使ったりする機会が少なく、関節なども変形が見られてくるのである。


ここで、特養ならではのエピソードを一つ紹介しよう。

胃ろうを造設された方のお話。脳梗塞などをきっかけに、医師から「嚥下障害」を宣告される。もう口から食べることができない。それはつまり「死」を意味する。医師からご家族へ説明がある。

「このままですと、栄養を補給することができず、助かりません。延命するには胃ろうを造設し、栄養を体に入れる方法があります。胃ろうをつくりますか？　どうしますか？」というような説明だろうか。

この時、ご家族は当然悩む。いくら父親、母親とはいえ、自分ではない、人の人生だ。助かる方法を提示されているのに、それを蹴って「死」を選択して良いものだろうか。判断がつかない。ふだん何があっても延命はしない、と決めていた人であっても、いざ自分の親がそのような状態になると、なかなか決断できないものである。

当然だ。やむなく医師から勧められるがままに胃ろうを造設する。すると身体状態は安定するものの、多くの方が寝たきり状態となる。病院のベッドの上で一日中天井を眺めている。朝になっても、お昼になっても、食事のために食堂に出て行くことはない。口を動かすこともなく…だが、栄養はきちんとお腹から入れられている。

なかには、口から食べるより栄養の吸収が良く、肌つやの良くなっていく人もいる。健康状態は決して悪くはなさそうだ。しかし、病院は治療の場。人との交流は少なく、ただじっと天井を見ながらベッドで過ごす。

入院して一カ月が経つ頃、ソーシャルワーカー（相談員）からご家族に声がかかる。

「退院してご自宅へ帰るか、もしくは次の病院を探してください」

親切な病院のソーシャルワーカーであれば、転院先までお世話してくれることもあるが、多くはご家族が自分で探さなければいけない。

病院に代わる老健（老人保健施設）でも、基本的には3カ月で退所しなければならない。そのような事情が重なって、特養という〝終《つい》のすみか〟に申請する方が増えるのである。

今は多くの特養が「看取り介護」（第12章で詳細）を実施する。

お年寄りにとって最期の生活の場。終わりよければすべて良しではないが、人生の最期を過ごす特養はやはり**ひとりの人の一生が終焉を迎えるにふさわしい場**でなければならない。

と、わりと神聖なる場所という書き方をしてきたが、実際の特養は…というと語弊があるので「さつき荘は」と言わせていただくが、神聖な場という表現は似つかわしくない。ひと言では表現できないが、お年寄りが昔を想い出しながら、孫たちのように若い子たちに世話を焼いてもらう、というような表現のほうがしっくりくる。

ある胃ろうの方が入居される。当然、入居の際にご本人やご家族から、生活の要望をうかがうが、多くの方が「特にありません」と言われる。ご家族のなかには「要望？フッ」と笑う方もいる。これは、長い間寝たきりとなり、生活と呼ぶにはあまりにも淋しい時間を過ごしてきた家族のやるせなさが含まれているのであろう。

しかし、ご家族の方に掘り下げてニーズを聞いていくと、だいたいの方が「できればまた食べさせてあげたい」とおっしゃるのである。

私はたずねる。

「胃ろうをつくった後に、口から食べることをチャレンジしたことがありますか？」

答えはノー。当然といえば当然。

医師が医学的な見解として、食べることは危険、もしくは無理と判断したのだ。それをなぜもう一度、食べさせる理由などあるものか。病院は治療の場であって、生活の場ではない。リスクを認識していながらチャレンジすることは、普通はあり得ないことである。

これは、それぞれに役割があるのだから、病院を責めるのはお門違いだ。だが、特養に入居することで、お年寄りは生活の場に帰ってきた。医師が食べられないと言ったたって、ご本人が「死んでもいいから食べたい」と言うのであれば、それを止めることはできない。もちろん福祉も医療と同じように、患者（利用者）の最善の利益の決定の権利と責任は医師（介護職）側にあるという父権主義（パターナリズム＝第7章参照）の強い仕事である。本人が言うからその通りに、というのがすべて正しいわけではない。

ただし、私たちが出会うお年寄りはほとんどが90歳を過ぎた方である。90年以上も生きてきて、いまさら若い人たちにああしろこうしろ言われる筋合いもない。危険回避し、安全に過ごすのも人生だが、少々の危険をかえりみず、あえてチャレンジする。リスクテイキングもこれまた人生である。特養は生活の場だから、できるだけ本人の望むように生活していただくのが本道である。本人、家族を含めた私たち職員の闘いが始まる。

売りは図々しさとポジティブな姿勢

まずは医務との連携。特養における看護師の存在は大きい。医師が常駐しているケースはほとんどない特養で、介護職の拠りどころは看護師である。看護師と情報共有し、連携をはかりながら嚥下機能などを評価していく。

ただし、特養は病院ではない。当然、十分な医療設備などは整っていない。そこで介護職にできること。それは「たくさんのお話をする」といった、とっても可愛らしいヒューマンな関わりである。

しかし、あなどるなかれ。これこそが**生活支援のプロフェッショナル、介護職の真骨頂**なのだ。

胃ろうの人は多くの人が喋らない。失語症などと診断されている方も多いが「本当にそうだろうか？」と、介護職は疑ってかかる。

長い間の病院生活で、コミュニケーションの機会が減り、いつの間にか喋ることを忘れてしまったのではないか？　胃ろうをつくって、食事の楽しみも奪われてしまい、生きる気力を失った。それできっと喋ることもやめてしまったのだ。などと、勝手にストーリーを想像するのである。

「なんてかわいそうなんだ！」と、勝手に自分を奮い立たせ、「絶対にお話するようになってもらおう！　絶対に食べられるようになってもらおう！」と、正義感を燃やす。

現代社会において珍しい、このお節介ぶりも、介護職の売りである。

こういう人に、介護職はスポットを当てていく。こぞって話しかけ、あつかましいことに「私の名前、なんて言うんだっけ?」などと繰り返し聞き、自分の名前を無理やり覚えてもらおうとする。しかし、これは意外に効果がある。

胃ろうの人、というより認知症の人は新しく会った人の名前をなかなか覚えてくれない。

もしも、「〇〇ちゃん」なんて呼んでくれたとしたら、これは相当しつこく話しかけている証拠であり、それだけコミュニケーションをとっている証拠でもある。認知症はコミュニケーション障害と分析する人もいる。名前を覚えてもらえるほどコミュニケーションをはかったということは、その入居者の生活に潤いを与えたということであろう。

少々話がそれたが、たしかに食事する楽しみがなかったり、一日中天井を眺めているような生活では、生きる気力をなくして当然である。一生懸命、名前を覚えてもらおうとしたり、一生懸命、笑ってもらおうとしたり、それは少なからずそのお年寄りの心に迫ることにつながっている。

声に出さなくとも、「なんでこの子(職員)たちは、私にちょっかいを出してくるのだろう？　なんで私を笑わせようとするのだろう？　私を笑わせてどうするの？　私が笑うとうれしいの？　私を必要としているの？」と、思ってくれているのではないか、と介護職は前向きにとらえるのである。

この**図々しさやポジティブな姿勢も介護職の売りといえる**であろう。

だが、介護職のこの姿勢は、本当にお年寄りの心をノックする。ある日突然、お年寄りが声を発する。「おはよう」という声に、「おはよ…」と、返してくれる瞬間が訪れる。人は生きていくうえで人との関わりを求めている。医師が「意識が戻るかどうかはわからない」と言った患者が、家族のあたたかい見守りのなか、数日後に目を覚ますといった感動的なストーリーがよくある。映画『ロッキーⅡ』でもそうだった。このようなひと言をきっかけにたくさん話し出すお年寄りを、私は大勢見てきた。

話をする、しかもなるべく長い言葉を話してもらう。人間は喋っている間に何度か唾液（つば）をゴックンと飲んでいる。これが大事なのだ。

本を、声を出して朗読してもらったりすることもある。新聞でもいい。とにかくできるだけ長い文章を話してもらうこと。そうすることで、唾液を飲みこむ機能や声を出すことによる肺活量も増えてくる。肺活量が増えれば、物を口にした時に、万が一気管のほうに入りそうになっても、むせて出すことができる。こうやって少しずつ嚥下機能が向上し、また食べられる可能性が高くなってくるのである。

介護職はこのように上手にお年寄りを乗せておいて、自分たちのしたいように導くことが上手い。介護職が振り込め詐欺を企んだら、おそらく成功の可能性はどの職業より高いだろう。その筋からスカウトが来るかもしれない。だが、大丈夫。介護職にはきちんと倫理観が叩き込まれている。このことについては後の章で話そう。

このような介護職の作戦にひっかかりながら、胃ろうを造設した方が食べられるようになっていく。

他にも作戦はある。それは、お年寄りが「好きで好きで毎日のように食べていた」という食べ物を調べることである。

"最幸"の介護エピソード・ファイルNo.3

さつき荘にも、脳梗塞を繰り返し、胃ろうを造設したUさん（男性・70代）という方がいた。医師からは「もう口から食べることはできない」と宣告さたが、それから3カ月が経過した頃、Uさんは一日3食、口から食事をとり、すでに胃ろうは必要なくなっていた。

どのような魔法を使ったかというと、大好きなラーメンを食べてもらったのだ。

Uさんは若い頃、ラーメン好きがこうじてラーメン店を開いていた。何十年とラーメン店を切り盛りし、家族を養ってきた。

脳梗塞を起こして治療をし、退院して、さつき荘に戻ってきてから、何度かペーストにした食事を口からとることにチャレンジしていた。

しかし、あまりうれしそうではない。むしろ口に入れてはむせ込む姿が痛々しい。

介護職員から提案があった。

「ああやって、むせ込んでいても今はなんとか食べています。またいつ脳梗塞を起こすかわからないし、今のうちに大好きなラーメンを食べさせてあげたい」

私はその言葉を聞いて「なるほど」と思い、家族に確認をとり了承を得た。

しかし、今回のチャレンジは、ラーメンの極刻みやペーストを食べていただく、ということではない。ラーメンを、そのままの形態で食べていただくというチャレンジであった。

ラーメン店を経営していたUさん。職員と小さな食堂を貸し切りにして、ガスコンロでお湯を沸かし、インスタントラーメンを茹でている。Uさんの表情がいつもと明らかに違う。職員がラーメンを茹でているところをのぞき込み、厳しい顔で見つめる。

「Uさん、そろそろ茹で加減良いですかね？」と職員がたずねると、

「んっ！」と答える。

そしてラーメンをどんぶりに盛りつけるのだが、なんと職員は丼ぶりと箸をそのままUさんに渡した。ふだんはペースト食、しかも全介助。普通に考えて食べられるはずがない。

しかし（！）その場にいた職員はみな、わが目を疑った。Uさんが、箸を使ってラーメンをチュルチュルと食べ始めたのだ。

しかも、まったくむせずに。これが医学では証明できない、**介護職が持っている生活支援のプロフェッショナルなセンス**である。

通常では、嚥下機能が低下し、口からの食事にチャレンジしている状態の方は、ペースト食やプリン、ゼリーなどから始めていく。だが、みなさんはペーストのご飯を食べたことがあるだろうか？　失礼ながら、あれはチューブ糊のようだ。けっして美味しい物ではない。それを食べないからといって、「この人は食べられない」と判断されては、お年寄りとてたまらない。誰だって美味しい物が食べたい。歳をとればなおさらだ。

もちろんこのチャレンジ、一か八かで行なったわけではない。事前に医師や看護師と連携、緊急時を想定して、きちんと準備をしてのチャレンジであった。

ただ、検査で評価される嚥下機能とは別の部分で、好きな物は口が（脳が）食べ方を覚えているのである（と、私は思う）。Uさんは、このラーメン事件をきっかけに、食事が全介助から自立になった。しかも、食事形態もドンドン上がっていき、ビールまでそのまま飲むほどになったのである。こんなことを実践、証明できる介護職という仕事がなぜ世間で高く評価されないのだろうか？

人はどう生き、どう死ぬか

さつき荘のなかで起きる数々の奇跡。口から食事を召し上がることについてはこだわって取り組んできた。

“最幸”の介護エピソード・ファイルNo.4

女性入居者Bさんは、90代の胃ろうを造設されている方だった。長く病院に入院されていたBさんは、いわゆる寝たきりと言われる状態だった。

入居前、Bさんの入院中の病院へ面接に行った。

ショックなことに、Bさんはつなぎ服を着せられ、しかもその服のファスナーには南京錠がかけられていた。

娘様に話をうかがうと、

「以前は、自分でよく体を動かしていたので、胃ろうのチューブを抜いてしまうからと言われ、つなぎ服になりました」とのこと。

今のBさんの状態は、胃ろうを抜いてしまうどころか、自分で手足を動かすことすらできない。そんな状態のBさんが、なぜ鍵つきのつなぎ服を着ているのか？

病院の看護師に尋ねると、

「ああ、そうですね」という答えが返ってきた。

その顔には、「うるさいわね」と書いてあるようだった。

この後、Bさんはさつき荘へ入居していただくことになった。

入居当日、娘様がお持ちになった物品のなかにこのつなぎ服が3着入っていた。介護職はこのつなぎ服を娘様に渡し、

「これは必要ないので、持って帰ってください。二度と使うこともないので、廃棄していただいても良いと思います」と伝えた。

娘様は、驚かれたような表情をされていた。

そして、次に生活の要望をうかがうと、

「生活の要望ですが…特にありません。もう母はこのような状態ですから」と答えた。

「それでは毎日たくさん声をかけさせていただいて、お母様がまたお話ししてくれるようになるよう頑張りますね」と、介護職が伝えると、娘様は驚かれた後に苦笑いを

された。

「母は、もう話すことはできません。というより、何を言っても、言葉が理解できませんから。お気づかいいただき、ありがとうございます」

と言って、この日は結局要望をうかがうことはできなかった。

それから数日。介護職は約束を守って、毎日毎日、Bさんに話しかけていた。

信じられないかもしれないが、Bさんはじつは入居の翌日からすでに話し始めていた。介護職の「おはようございます！」の声に、

「おはよう」と、答えていたのだ。

みなさんも、特養などの老人ホームを訪ねたことがある方なら感じたことがあると思うが、老人ホームの職員の声は大きい。ゆっくりと大きな声で耳元で話す。それがお年寄りの聴力には有効という実績があるのだろう。だから、どこの老人ホームに行っても同じような声かけをしているのだと思う。

そして、もう一つあなどれないのが、耳垢《みみあか》だ。

在宅で介護をされているご家族の方などからよくうかがうのが、

「最近、うちのお婆ちゃん、耳が遠くなったわよ～」という言葉。

たしかに高齢になると聴力は低下するのだが、一概には言えない。じつは耳をほじってみると、ごっそりと耳垢が取れることがある。

そして、耳垢が取れたことによって、急に聞こえが良くなり、今までいくら声をかけても返事もなかったお婆ちゃんが、

「お婆ちゃん」

「な～に？」

なんて、答えるようになるケースを何度も見てきた。

とはいえ、たまりに溜まった耳垢を素人が取り出すのは危険もともなう。怪しいと思った方は耳鼻科の受診を勧めます。薬を使って取ってくれることもあるので、ぜひお試しあれ。

話がだいぶそれてしまったが、話し始めたBさんは、職員の質問にも答えてくれるようになっていた。

「Bさん、ご飯食べたくない？」

「…食べたい」

「だよね！　Bさん、Bさん！　何が食べたい？」

「……」

「アイスクリーム食べたくない？」

「…食べたい」

これを誘導尋問と言われれば、甘んじて受け入れる。だが、どこの世界に、生きていながら何も食べたくない、なんて人がいるのだろうか？　食べたいけど食べられない。食べられなくなったと判断したのは、医師であって自分じゃない。

もしも、「死んでもいいから、食べたい」と言う人がいるのなら、それが、その人が人生で望む最後の願いかもしれないではないか？　だとしたら、聞く耳を持たないのは残酷な話である。

Bさんが喋っていること。Bさんが食べたいと言っていること。そのことを、娘様に来ていただきお伝えした。娘様は、涙を流した。

「私は…今まで、何年もの間、いったい何をやっていたのでしょうか。病院へ母の面会に行っても、母は喋れないものと思い込んで話しかけることもやめていました。きっと母は淋しかったでしょうね。私が来ても口もきかないなんて…。私は…」

娘様の涙は止まらなかった。介護職は、

「娘様は何も悪くありませんよ。今からだって遅くないじゃないですか。たくさんお話してください。私たちも一緒にいますから」と伝えた。

介護職の言葉に、うなずいたり返事をするお母様の姿を見て、娘様は感激されていた。介護職のジョークに口をパカッと開いて笑った時には

「母が、笑った！」と言って、泣き崩れた。

それから、娘様はお母様との何年間もの時間をとり戻したい、と思っているかのように、毎日来て、お母様と話しては

「母が、笑いました」

「母が、私の名前を呼んでくれました」

と、職員に報告してくださった。

そんな娘様に、職員は改めてアイスクリームの話を相談した。

娘様は「私もずっと気になってました。それが母の本当の望みなら、ぜひかなえてあげたいと思ってます。ただ、それには職員さんの手をわずらわせることになるんじゃないかと思って、言い出せずにいました」と、娘様は興奮気味に言った。

この仕事を長く続ければ続けるほど、お年寄りに明日の保証はない、と思う。それは、亡くなった時に、「もっと、ああしてあげたかった、こうしてあげたかった」といつも思うからだ。**今できることは今しよう！** それがさつき荘のスローガンでもある。

介護職は看護師とも相談し、Bさんにアイスクリームを食べていただくことになった。

結論から言えば、Bさんはアイスクリームを食べた。それも、今まで私たちが見たこともないような笑顔で。最初は職員が介助して召しあがっていただいていたが、Bさんは待ち切れずにアイスとスプーンに手を伸ばした。それをまわりのみんなが応援していた。職員も、利用者も。

この時の動画は今も残っている。画面から見ても、Bさんの生きる活力が感じられる。もう、お迎えが来るのを待っているだけのように思われていたBさんが、「私は、生きている！」という表情をしているのだ。

娘様は喜んでくださった。介護職もうれしかった。もちろんBさんも、うれしかったと思う。だが残念なことに、口から食事をしたのはBさんにとってこれが最後になった。この後、本格的に経口摂取を始めるための準備をしている間にBさんは亡くなってしまったのである。死亡確認をした医師は、死亡原因と経口摂取の因果関係はないと言った。実際に因果関係などなかったと思う。

さつき荘からBさんが出棺される際、娘様は言った。

「さつき荘に来て、短い期間しかいられませんでしたが、母は最期にさつき荘にお世話になれて本当に幸運でした。みなさんのおかげでまた話をするようになったり、アイスクリームまで食べることができて。私はあのことがなかったら、一生後悔していたと思います。人生の最期にさつき荘に入れたことは、神様のお導きだったような気がします」

人生における幸せとは何か？　医学の進歩や食文化などの変化により、たしかに長生きできるようになったが、ただ生き長らえることが幸せであるとは言えない。人はどのように生きるかが大事なのと同じように、どのように死ぬのかも大事である。

時に医学では証明できないようなことを、いとも簡単にやってのけるのが介護職という職業である。以上のエピソードはほんの手はじめだ。

介護職という職業がどれだけの高いスキル、ポテンシャルを持った仕事であるか、ということさらに証明していこうと思う。

第3章　介護職のコミュニケーション・スキル

パーミッション＝許容するセンス

老人ホームなどの高齢者施設を訪れると、しばしば職員がお年寄りと仲良く、というかまるでお婆ちゃんと孫のような感じでコミュニケーションをとっている姿を見ることができる。２０００年（平成12年）、介護保険制度がスタートしたのを機に、介護は「介護サービス」という扱いになり、言葉づかいやマナーなどが今まで以上に職員たちに求められる時代になった。

この年に、この業界に転職した私も、ホテルマンの接遇マナー講座などの研修に出たり、その類の本を読みあさったりしたものだ。言葉づかい、呼称の問題、これはまるで永遠のテーマのように「介護サービス」のなかで課題として持ちあがっている。

本当のところ、どのような「介護サービス」が一番良いのだろうか？　どのような「コミュニケーション」が一番適切なのだろうか？　私も仕事柄、多くの施設を見せていただいた。なかには、ものすごくマナーのゆき届いた施設もあった。建物が高級ホテルのようで、設備ばかり自慢する施設長さんもいた。お年寄りに生気がなく、職員も笑顔なく仕事している施設も多かった。

さつき荘はどうだろう？　さつき荘の歴史は古い（1976年開設）。世田谷区の特養の建物としては一番古い施設である。だから設備を売りにすることはない。なにせ雨が降ると雨漏りをするぐらいだから…（笑）。

しかし、職員の明るさ、元気さには定評がある。私たちは**施設というハードを売りにできない分、ソフトで勝負してきた**つもりだ。この章では、介護サービスにおけるソフトの部分、「コミュニケーション」について考えていきたいと思う。

まず、一般的なサービス業におけるコミュニケーション、もしくは接客とはどのようなものだろうか？　ホテルのなかで宿泊客がキョロキョロしながら迷っている様子であれば、「どうなさいましたか？」と声をかけるであろう。お店のなかで商品に迷っているようであれば、「何かお探しですか？」と声をかける。

私たちも同じ（普通のサービス業との違いは後半に述べる）サービス業であるから、入居者がキョロキョロと迷っているようであれば、「どうなさいましたか？」と声をかけるのが普通であろう。

ところが、私たちは「〇〇さん、どうしました?」などと声をかける。名前をつけて、声をかける。特に認知症の方には、意識して名前を呼ぶ。

これは、認知症の方に多く見られる症状として、見当識障害というものがあり、時間や場所がわからなくなり、不安になっている人が多い。名前を呼ぶことで「あなたのことを知ってますよ」という、安心感をさり気なく感じていただくのである。

高齢者とのコミュニケーションについては、さまざまな見解がある。施設内でよく目にするのは、新人職員が2~3カ月して仕事に慣れてきた頃、入居者の方とやたらと親しげな感じになってくる場面だ。これは傍から見ていて非常に違和感がある。そのため、新人職員のこうした態度を先輩職員が注意する。

おもしろいのは、この注意する時の理由だ。というのも、先輩職員は同じ入居者の方と同じように親しげに話をしているからだ。

では、新人職員に対してどのように説明するのだろうか?

「私たちは〇〇さんと同じ時間を過ごし、長い時間をかけて信頼関係を築いている。だから今のような関係がある。あなたはこの施設に来て2~3カ月。まだ信頼関係ができていないから、〇〇さんと親しげに話すのはおかしい」と言い切る。

言い方に多少の違いはあれど、多くの老人ホームにおける新人指導で用いられているセリフである。見事な言い分だが、これは介護職が用いるひと捻りした「嘘」だ。

確かに自分も新人職員の頃、同じようなことをして、同じように先輩職員に指導された。だから新人はいつの時代も、このように指導しなければならない。そう、あまり考えることや本当の理由を分析しようとはせずに、伝統的に指導方法として引き継がれているのである。

だからといって、言っていることがすべて違うかといえば、そうではない。傍から見ていると、確かに新人職員があまり親しげにしていると違和感のあるものだ。そして、ベテランの職員が入居者と親しげに話しているぶんには、見ていて違和感がない。「長い時間をかけて築いた信頼関係」というのはたしかに一理あるが、これは横着な整理の仕方だ。現にベテランであれば、全員が信頼関係を築けているかといえばそうでもない。

たとえベテラン職員であっても、入居者の方と親しげに話していると、違和感のある職員もいる。残念ながら、これはスキルの問題であり、このようなベテラン職員は長く働いてきたなかで、このような信頼関係を築くセンスを磨いてこなかった三流職員であると言わざるをえない。

これは、**私流に言うと「パーミッション」の問題**だ。

「パーミッション」をそのまま訳せば「許容」といい、マーケティング・センスの一つなのである。米国Yahoo!ダイレクト・マーケティング担当副社長セス・ゴーディンが提唱したマーケティング手法に例えられる。

簡単に言えば、相手が望むでも望まないでもなくダイレクトメールを送ったり、相手の認識もないままにアドレスや電話番号を入手し、連絡をしてくるようなマーケティング方法（土足マーケティングという）に対して、まず**相手から了解を得て、サービスを提供する方法**。これを「パーミッション・マーケティング」と言っている。

介護職が行なっているコミュニケーションはまさにこれであり、**介護職は知らず知らずのうちに、利用者の方などに対してマーケティングをしている**のである。介護職という仕事が、いかにマーケティングに類似しているかは別の章で話すが、介護という仕事がいかに**マーケティング・センスも鍛えられている職業**であるか、ということは徐々にわかっていただけると思う。

笑顔が最初の一歩

この**「パーミッション（許容）」を得ているか否かが、新人職員とベテラン職員との大きな違い**なのである。新人職員が、入居者のパーミッションを得ないまま、ただ先輩職員の真似をして親しげなコミュニケーションをとるのは、いわゆる土足マーケティングだ。

だから、傍から見ていて違和感がある。ところが、一見、同じ関わりをしているのに、ベテラン職員のほうはなぜか見ていて微笑ましい。それはベテラン職員が入居者からパーミッションを得ているからで、入居者の方がその関わりを許容している。受け入れてくれ、なおかつ心地よさを感じてくれている。とすれば、これは立派なサービスである。

高齢者は人生の大先輩だ。だから、言葉づかいはきれいなほうが良いに決まっている。当然のことだ。だが、勘違いしてはいけないのは、言葉が丁寧なだけでパーミッションは得られない、ということである。

言葉づかいだけ見れば丁寧だが、入居者に評判の悪い職員がいる。たしかに見ていると、言葉は丁寧だ。だが表情がない。もしくは暗い。動きが緩慢で活気がない。そして笑顔がない。このような職員に介護をしてもらう、いや介護に限らずサービスを受ける気になるだろうか？

例えば、みなさんが電化製品の販売店に行った時のことなどを想像してみてほしい。あなたが、もしパソコンを購入しようとしている時、しかも、あなたはパソコンにまったく詳しくない。パソコン販売コーナーに行けば、何十種類という数のパソコンが並んでいる。同じような形をしているのに、値段がかなり違う。0の数が違う物もある。あなたはこのような状況で何をするか？

まず、店員に声をかけて、それぞれのパソコンの違いやどの機種が買い得なのかを聞きたいところであろう。ではその時、どの店員に声をかけるか？　量販店に土日にでも行けばあふれるほど店員がスタンバイしている。時には声をかけてほしくない時まで、声をかけてくるほどに。

あなたは多くの店員のなかから、誰を選ぶのだろうか？　近くに店員が複数名いるとしたら、おそらく「感じの良い人」に声をかけることであろう。

特に今のように、パソコンについてわからない状態であればなおさらである。自分がわからないことを聞く時というのは、緊張するものである。まさか店員から、「そんなこともわからないんですか？」と言われるようなことはないだろうが、自分自身が不安だからこそ、親切に教えてくれそうな「感じの良い人」を選ぶのは自然な心理である。

要介護高齢者というのは、常にこのような状態といっても言いすぎではない。要介護状態にあるわけだから、何か声をかける時というのは、お願いしたいことがある場合が多い。自分でできればいいのだが、自分でできなくなった状態だから要介護なのである。だからお願いするのであれば、感じの良い人がいいのである。

お客様からパーミッションを得るには、まずはお客様に良い印象を持っていただくこと。この業界には「笑顔に勝る介護なし」という言葉があるが、**笑顔はパーミッションを得るための最初の一歩**である。人間のイメージはほとんどが第一印象で決まる、と言われるほど第一印象の笑顔や明るさ、元気さがパーミッションとなる。

このように知らず知らずのうちに介護職はマーケティングをし、パーミッションを得るということを指しているのである。この章の最初に書いた介護職の「嘘」とは、このことを指している。「長い時間をかけて築いた信頼関係」ではなく、介護職は何十人、何百人という高齢者との関わりのなかで、会った瞬間に「この人が、私に対して求めていること」を見抜く、**瞬間マーケティング能力を身につけている**のである。

ただし誤解のないようにつけ加えておけば、相手のニーズを満たすコミュニケーション、パーミッションを得るための前提として、マナーを身につけていることは不可欠である。マナーのない人間にパーミッションを得ることはできない。なぜなら、マナーこそ相手が瞬間的に、直観的に見抜くものなのである。マナーを兼ね備えた人間かどうかは立ち居振る舞いでわかる。ごまかしがきかないのだ。前述した信頼関係を得られないベテラン職員というのは、このマナーが身についていないのである。

介護職は自分たちが持っている能力の高さを知らない。だから、言い伝えのように先輩から言われてきたことを、ただ後輩にそのまま指導してしまうのだ。この瞬間マーケティング能力は、高齢者に対してだけ有効なわけではない。施設の場合でいえば、ご家族、ボランティア、見学者、誰に対しても当てはまるものである。

われわれの行なっているのは福祉であるから、お客様は福祉を利用しなければいけなくなった、困っている状態の方である。例えば、さつき荘は特養であるから、相談に来られる方は、お父様やお母様の在宅介護に限界を感じ、特養への入居を申請するか否かに悩んでいるご家族である。

さまざまな葛藤をし、勇気を出して相談に行った特養。相談を受けるのは、相談員という立場の者。もしくは介護職。葛藤し、勇気を出して訪れた特養で、対応した相談員、介護職が感じの悪い人だったら…。おそらく、そのご家族は絶望してしまうであろう。

自分を育ててくれた大切な親である。誰が好き好んで施設に預けたいものか。

それでも、在宅での介護というのは、本当に甘くないのだ。生きていくためにはお金がいる。仕事をしなければならない。しかし、認知症になったり、介護が必要になった親のことをみなければならない。目が離せない。

親以外に自分の家族もいる。自分の家族のことも、守らなければならない。そのような、どうしようもない状況に追い込まれ、やむをえず施設への入居相談に行くのだ。

それが、行った先の施設で冷たい対応をされたらどう思うか？　そういったことを理解したうえで、相談員や介護職は自分の役割を果たさなければいけない。

息子様、娘様にしてみれば、勇気を出して訪れた施設の**職員が「優しかった」「親切だった」というだけで、その人の気持ちが救われる**のである。その日の夕飯の食卓が明るくなるのである。だから、私は介護職には常々、「感じの良い人」になるよう指導している。

困っている人、苦しんでいる人の気持ちを救える素晴らしい仕事。その感性は、どの職業においても通用するということでもある。ホテルなどのサービス業はもちろん、販売、営業、そしてディズニーランドのようなエンターテイメントにも通用する能力だということを、次の章では証明していこう。

第4章

介護職は、最強のビジネスパーソン

綿密な計算に基づいたエンターテイメント

特養の介護職というと、その仕事内容としてまず思い浮かべるのは、やはりおむつ交換、入浴と食事の介助といったイメージが強いのではないだろうか？　これはいわゆる3大介護と言われるもので、たしかにこれらのスキルが高くなければまず介護職として成り立たない。

私の場合は、特にまだ介護職が「寮母」と呼ばれていた時代に入職したから、おむつ交換が上手くて速くなければ介護職はつとまらない！という考えである。ちなみにベッドのシーツ交換なども同様である。しかし、特養の介護職はそれだけ（3大介護＋シーツ交換）できればいい、などとあなどってはいけない。この3大介護は、基本中の基本。大事な業務であることは間違いないが、3大介護だけをやって給料をもらう時代は終わった、と言っても過言ではない。

私が、**介護職を「最強のビジネスパーソン」と言い切るのは、これだけ数多くの能力を必要とする仕事は他にない**と言えるからである。

私もアルバイトを含め、超過酷な肉体労働から営業、デスクワークまでさまざまな仕事をしてきたが、これだけ多くの能力を要求された仕事は、介護職の他にない。その一つ、ここで紹介するのは、エンターテイメントな部分である。

特養は高齢者が生活する場なので、特に日本の古き良き伝統、習慣を大事にする。初詣、新春祝賀会、節分、お雛様、お花見、納涼祭、運動会、紅葉狩り、クリスマス…はちょっと日本の伝統ではないが。それに加えて遠足や食事会、ケアプランに沿った個別企画。さらにさまざまなクラブ活動など。一年中、というか一日中というか、じつにさまざまな取り組みを行なっている。

これら一つひとつの会を介護職が仕切るわけだが、これらのイベントを盛り上げるのが容易ではない。入居者の身体的な重度化と認知症の重度化傾向は止まらない。若い人たちを相手にするのとはわけが違うのである。

例えば運動会。ほとんどの方が車椅子。しかも麻痺や疾患がある。元気なお年寄りは家にいる。家では介護が難しい方が入居するのが特養なのだ。そのような方たちで運動会など成り立つのか？と思われるだろう。しかし、これが大いに盛り上がるのである。

介護職は、たとえ重度の状態になっても、みんなが楽しめる工夫をじつにうまく考える。玉入れなどは、職員が背中に籠をしょって、ぐるぐるとお年寄りのまわりを走る。この時、じつはバレないように体があまり動かない方のところへ行き、玉が入れやすいようにする。

綱引きでは、それぞれのチームに職員も交じってパワーバランスをとる。私と160kgの相撲部職員が分かれてチームに入った時は、なんと！綱が切れてしまうというアクシデントもあった。これも、大いに盛り上がったが…。パン食い競争では、背中の曲がった方に選手として登場してもらい、パンに食いつくために背中を伸ばすリハビリ効果まで演出してしまう。しかも、極めつきは、白黒つけること。

いつ点数をつけているのかわからないし、最後は「引き分け～」と気持ち良く終わるのだろうな～と思って見ていると、「2階（の入居者・職員チーム）の勝ち！」と、勝敗を決するのである。これには最初は私も驚いた。福祉や介護のイメージでは、勝ちはともかく、「負け」というネガティブなことをお年寄りに感じさせることはないだろう、と勝手に思って見ていたが…。

だが、そこにはお年寄りの歓喜と悔しさの表情を見ることができるのだ。歳をとっても、勝負事が好きな方は多い。勝って喜ぶ姿、負けて悔しがる姿、そして、「次も勝つぞ！」「次は負けないぞ！」という「次」を意識する気持ち。こんな演出ができる介護職の**エンターテイメント性の裏には、じつは綿密な計算がある。**

お年寄り（お客様）一人ひとりの身体機能、性格など両面から理解し、力を発揮する場面を意図的につくり上げている。運動会というと集団でのレクリエーション的なイメージがあるが、じつは、**徹底的にカスタマイズされたイベント**なのである。だから、置いていかれる人がなく、みんなが楽しく盛り上がるイベントになっている。

さらに個別ケアとなると、サプライズ要素も大きく加わってくる。

さつき荘では、入居の際や、一緒に生活をしていくなかで、お年寄りやご家族から、生活歴をうかがっている。この生活歴を「ゲストヒストリー」と呼んでいる（８章で後述する）。

強制ではないものの、人は他人に、自分の今までの人生を知られたい人ばかりではない。こんな立ち入った話を聞くからには、聞いた側にも責任がある。聞いた者の責任として、人生でやり残したこと、もう一度やりたいこと、やらずに死ねるかと思っているようなことを見つけ、それをサービスとして返していく。この責務を職員には課している。**ゲストヒストリーを活かす職員のセンスが求められる**のである。

こんなエピソードがあった。

“最幸”の介護エピソード・ファイルNo.5

Mさん（91歳女性）は、男性演歌歌手Aさんの大ファンで、ファンクラブに入会していた。50歳の頃から追っかけをしていて、コンサートはもちろん、ディナーショーなど全国どこへでも駆けつける熱狂的なファンであった。しかし、今のMさんは要介護状態。さつき荘に入居する前、ご自宅に面接に行った際に、Aさんの話を聞いても

「忘れました。覚えていません」

と、おっしゃっていた。

年齢とともに、体がいうことをきかなくなり、出かけることはおろか、食事やトイレまで人の世話が必要になっていた。そんななかで、自分に自信がなくなり、生きる意欲も低下し、大好きだったAさんのことまで「忘れました…」と言うようになって

いたのである。

数日後、さつき荘に入居したMさん。

しかし、この入居は、自暴自棄になっていたMさんの心に、さらに拍車をかけることになってしまった。Mさんは自分に自信がなくなり、意欲も低下していたとはいえ、最愛の息子様と同居されていたのである。そこに、幸せを感じていなかったはずがない。しかし、さつき荘への入居は、それすらも奪う結果になったのだ。

入居後のMさんの言動は、完全に将来に絶望している様子だった。夜中にMさんのナースコールが鳴る。職員が部屋にうかがうと

「もう生きていてもしかたない」

「早く死にたい」

そのような言葉しか、聞かれなくなっていた。職員の励ましも虚しく、Mさんはさらに自暴自棄に陥っていった。

そんなMさんに、もう一度、絶望を希望に変えて自分らしく生きてもらうため、私

は勝負に出た。若い女性職員のHを担当職員につけたのだ。彼女は優れた知識があるわけでもない。技術がたしかなわけでもない。豊富な経験があるわけでもない。

ただ一つ、言えることがあった。彼女は「持っている」のである。彼女が何かを企画すると、十分なリサーチをしたり、綿密な計算がされたりするわけでもないのに、なぜか神がかり的な奇跡が起きるのである。

ちなみに、何か企画を提案する場合に提出させる企画書だが、私は介護職のつくってくる企画書に、そう簡単には印鑑を押さない。

企画書には、その名の如く「企み」がなければならない。担当者の企画に込めた企みがなければ、私は認めないことにしている。上手く書かれている企画書など求めていない。私が知りたいのは、そこに込めた想い、企みだ。職員Hのつくってくる企画書は、文面的にはひどい物である。ただし、その企画書には企みがあふれていた。私が彼女をMさんの担当職員にした理由は、そこにあった。

その職員Hは、Mさんのゲストヒストリーを聞いて、大好きだったAさんのことを想い出してもらいたいと、毎日Aさんのことを話題にし、Aさんの歌をかけて一緒に聴いた。来る日も来る日も、Aさんの歌をかけていた。朝起きた時、午後のティータイム、夜寝る前…。職員Hの行動は次第にエスカレートしていき、他のみなさんがいる食堂でもかけるようになり、誰しもがその歌を覚えるほどになっていた。私も、耳について離れない日々がしばらく続いた。

最初は「覚えていません」と言っていたMさんも、担当職員のあまりのしつこさ（熱心さ？）に根負けしたのか、昔の想い出を話してくれるようになっていた。そう、お察しの通り、MさんはAさんのことを忘れていたのではなく、Aさんのことが好きで追っかけていた自分、あの頃のキラキラしていた自分を忘れようとしていたのである。

高齢になって、体が弱くなって「もうコンサートには行けない」「もうAさんを見ることもない」と思っていたのだろうか。私たちが最初にお会いした頃のMさんは、もう何もかも諦めているような印象だった。

そんなMさんの気持ちを、知ってか知らずか、職員Hは

「Mさん、Aさんのコンサートに行こうよ！　私も一緒に行くから」

と、提案した。

長い距離を歩けず、基本的に車椅子生活になっていたMさんは「この足じゃ、もう行けませんよ」と断った。しかし、「だったら、リハビリしようよ！　歩く練習をして、Aさんに会いに行こうよ！」と、担当職員は諦めなかった。ここでも根負けしたのか、Mさんは苦笑いしながら「そうですね。行きたいです」と、ついに白状（失礼！）したのである。

それから、Mさんの歩行リハビリが始まった。目指すは、2カ月後の明治座公演。「明治座は階段が多いし、行くまでの道のりも段差が多い。Mさん、頑張りましょう！」と励ます職員。

「はいッ！」と力強く答えるMさん。

もちろん、この職員の話はウソ。今どきは、公の場は大抵バリアフリー。どこの駅や会場に行ったって、「そんなに来なくていいですよ」と言いたくなるぐらい、係の人が手伝いに来る。Mさんの**モチベーションを上げるために、ウソをついた**のだ。こういうウソは、**「聖なるウソ」と言って、許される**。2カ月間、Mさんは本当に頑張り抜いたのである。

そして、迎えた当日。

Mさんと職員Hは、お化粧とおしゃれをバッチリ決めて、いざ明治座へと向かった。バリアフリーの会場に、Mさんがどう思ったかは疑問だが…。明治座に着くと、事前に連絡をしておいた昔のファン仲間に囲まれ、大歓迎を受けた。

「Mさん、元気だった？」「皆、会えないで心配だったのよ」と優しいみなさんの言葉に、照れながらも感激されていたMさん。そう、ファン仲間とお会いするのも、数十年ぶりだったのである。Mさんの表情は、私たちの知らない、数十年前の表情に。Mさんが、輝きを取り戻し始めていた。

そしていよいよ会場入り。

Mさんと、職員Hが案内されたのは、なんと最前列のど真ん中。じつは、職員Hが事前にファンクラブ事務局に連絡をしておいて、Mさんが今回、Aさんに会うために、必死にリハビリを頑張っていることなどを伝えてあったのだ。昔から熱心なファンとして、ファンクラブ事務局員はもちろん、演歌歌手Aさんからも認識されていたMさん。今までの経緯や今回の企画の意図を伝えることによって、Aさんや事務局の方の心を動かしたのである。

最高の席を用意してくれたことだけでもサプライズだったが、その後、さらなる極めつきのサプライズが待っていた。なんとなんと！　AさんがMさんのためにステージを降りて来てくれ、花束を受け取り、握手をしてくださったのである。このイキな演出には、まわりを囲んでいたファン仲間も感動！　横に座っていた職員も大感動！

感動しすぎて、このとっておきの名場面を、大号泣して見られなかったうえに写真を撮る機転もきかなかったのである。

介護職員としては最悪のオチだったが、自分に自信をなくし「生きていてもしかたない」とまで言っていた出会ったばかりの頃のMさん。それからコンサートに行くために必死にリハビリを頑張っていたMさん。それをみんなで励まし、応援した職員たち。いろんなことが走馬灯のように蘇ったのだろう。許してやることにした。

コンサートが終わり、再びファン仲間に囲まれるMさん。

「Mさん、ホームに入ったのに、こんなふうにしてもらえて、幸せね！」とファンの方。それに対し、Mさんは会心の笑顔で、

「はいッ！　幸せです!!」と胸を張って答えた。

当時、生活相談員だった私は、Mさんと職員の送迎役。明治座から帰ってきたMさんを私は出迎え、

「Mさん、本当に良かったですね！」と、声をかけた。

その時、Mさんの口から返ってきた、まさかの言葉。これが私の介護観を変え、これから永遠に変わることのない信念を持たせてくれた。

Mさんは、私を真っ直ぐ見つめ、力強く答えた。

「まさか私の人生に、まだこんなことが待っているとは、思ってもみませんでした！」。

この言葉を聞いた私は、全身に鳥肌が立ったことを今でも忘れない。

「俺がやりたかったことは、これだ！」そう思った。この言葉をすべての高齢者の口から聞きたい！　そう思った。

活き活きと生きることを支援する

介護という仕事は、食事、入浴、排泄のお世話というイメージが強いかもしれない。それも間違いではなく、例えば、特養で毎日その仕事を繰り返し行なっているだけでも、それを誰も責めることはない。しかし、「生きる」という意味、「生活」という意味を理解している職員であれば、食事やお風呂やトイレの世話を受けるだけの毎日が、生きている、生活している、とは思わない。

「生活」とは、「生きる」と「活きる」と書く。つまり、活き活きと生きることが生活なのだ。私は、「介護職の専門性って、何ですか?」と聞かれると、必ず「生活支援のプロフェッショナルです」と答えている。

生活支援のプロフェッショナル。前述したように、生活という意味が、活き活きと生きる、という意味だとすれば、**介護職の専門性は活き活きと生きることを支援すること**である。ここに、醍醐味がある。

人が、活き活きと生きるためには、毎日同じことの繰り返しではいけない。

昨日が今日でも、今日が明日でも変わらない。そんな毎日ではなく、明日のこと、未来のことを考えると心躍るような毎日。それが、生きている、ということであると、私は思う。

それには、職員自身が楽しむということ、人生にはたまにサプライズがなくてはならない、ということを理解しているのが、一番である。Mさんの担当職員Hは「楽しくなければ、人生じゃない」と言う。人はそれぞれ、「楽しい」ことは違うであろうが、だからこそ、その人の「楽しい」を見つける作業を怠ってはいけない。

エンターテイメントとは、単に人を楽しませるということだけでなく、ゲストヒストリーを知ることで、**「想い」「願い」「優しさ」など極上のスパイスを加えることにより、成り立つもの**なのである。

第5章

目指すは共同指向型サービス

歳をとることの意味を知る

前章で紹介したMさんのエピソードのなかで、「リハビリ」という言葉が出てきた。リハビリとはリハビリテーションのことだが、その言葉からどのようなイメージを持たれるだろうか？

スポーツなどでは、試合で怪我をした選手が回復に向けて励む姿を思い浮かべるだろうか？　高齢者の場合、人は歳をとるとどうしても筋力が弱くなるので、リハビリというかたちで歩く練習をしたり、ウェイトトレーニングのようなことをして筋力を維持したりする。

昔、〝プロレスの神様〟と言われたカール・ゴッチが、「若いうちはトレーニングをする。だが、歳をとったらしなければならない」と言っていたことがある。

まさにこの言葉通り、若いうちは一日中ゴロゴロダラダラしていてもそれほど筋力が弱ることはなく、すくっと起きてサササッと歩くことができる。だが歳をとってから一日中ゴロゴロしていると、あっという間に足は弱り、歩くこと、重い物を持つことがままならなくなる。

リハビリとは、歳をとるという摂理に逆らう、抗《あらが》うことだともいえる。

ここでみなさんに想像してほしい。

人間誰でも歳をとる。歳をとれば、その経験でさまざまな英知を身につけることができるが、体力や筋力だけはどうしても落ちていくのはしかたがない。80年、90年と生きてきて、筋力は落ち、足が弱くなり、歩くこともままならなくなってきた。人の世話を受けることになり、老人ホームに入居することになった。そこでリハビリの必要性が叫ばれるようになり、毎日歩くなどの練習をすることになる。

だがホームに入所して、20代、30代の若い職員から「はい！〇〇さん！　頑張って歩きましょう！」「ダメダメ！　もっと足を上げて！」などと指導された時、上から目線でものを言われた時、自分はどのように思うだろうか？

勝気な私なら、きっと「お前のような若造に、言われる筋合いはない！」と思うだろう。悲観的な人であれば、「こんなみじめな思いをするぐらいなら、死んだほうがマシ」と思うかもしれない。

当たり前だ。自分の三分の一、四分の一しか生きていないような職員から、ダメ出しをくらうのである。まして介護保険下であり、お金を払って利用している以上、介護はサービスのはずである。お客様であるはずの自分が、このような物言いをされるのは断じておかしい！と思うだろう。

誰しも好きで歳をとるわけではない。できれば、いつまでも若くありたい。健康でいたい。自分のことは自分でしたい。そう思うのが普通である。だが歳をとると、どうしてもいろいろな部分が弱くなり、人の手を借りなければいけないことが多くなる。それは時には悲しく悔しいことであり、年配の人たちが「長生きするもんじゃない」とよく言う理由の一つなのではないかと思う。

われわれが、介護現場でケアの手法の一つとして使っているゲストヒストリーについては前述したが、この言葉には、お年寄りの今までの人生を知るだけではなく、**歳をとるという意味を知る、知ろうとする**意味もある。

歳をとるということはどういうことなのか？　どんな辛いことがあるのか？　若い人から、どんな接し方をされると悔しいのか？　どんな接し方をされるとうれしいのか？

そういうことに思いを馳せ、**歳をとっても自分らしく生きていただくための向き合い方**を知ることでもある。

リハビリというと、理学療法士などがリハビリ室で機械を使いながら行なうイメージがあるかもしれないが、今は生活のなかに活かせる動作を生活の場面で行なう「生活リハビリ」のほうが主流になっている。そのため、専門職から指示はあるものの、実際に行なうのは介護職である。これもまた介護職という仕事の幅の広さがわかっていただける例であろう。

介護職が生活の場でリハビリを行なっている時、このような場面を見かける。

“最幸”の介護エピソード・ファイル№６

90歳を超えた男性の利用者Nさん。一代で会社を築き、介護が必要になってさつき荘に入居する前は、それはそれはセレブな生活をされていた。

入居した当初は、少しでも気に入らないことがあると

「責任者呼んで来い！」。

ちょっと気分がすぐれないと、

「救急車呼べ！」こんな調子。

人を寄せつけない空気を全開にして出しており、いつしか職員たちは腫れものに触るような接し方になり、できればあまり関わりたくないと思うようになっていた。

その固く閉ざしたNさんの心の扉を開いたのが、担当職員になった若い女性職員。愛称は、「のりちゃん（仮名）」。みんなができるだけ避けて通りたいと思うNさんのお世話を、のりちゃんは特別視することなく淡々と行なった。何を言われても、機嫌が悪くても「はい。すみません」と受け流し、必要なことを当たり前に行なっていった。

そんなある日、このNさんが風邪をひいて寝込んでしまった。いつも威張っていたり、強気だったりする人ほど病気になると弱いもの。

弱気になったNさんを、のりちゃんは来る日も来る日も看病し、

「食べたくないんだよぉ」

と、食事もとろうとしないNさんに

「ほら、お父ちゃん。大好きな果物買って来たから、食べなさい」

「男でしょ！しっかりしなさいよ！」

と励まし、勤務時間が終わると毎日お部屋に寄って、お話をしたり片づけをしたりしていた。

数日間寝たきりになっていたNさん。90歳のお年寄りにとって、数日間寝込むことは痛い。もともと歩けるほうだったが、風邪が良くなってもすっかり足の筋力が弱り、リハビリが必要になった。

「お父ちゃん、ちゃんと歩かないとダメよ」とのりちゃん。

「ダメだ〜。もう歩けないよ〜」と弱気のNさん。

じつはNさん。病気になってすっかり弱気になったのではない。他の職員には、相変わらずなのだ。弱気になったのではなく、のりちゃんに心を開いてくれたのである。

「歩けなくなっても知らないわよ！」と怒られ、よろよろしながら歩くNさん。

「ダメダメ！　もっと足を上げて！」

先に述べた、みじめになるようなセリフ。

だが、Nさんはのりちゃんに怒られながら、うれしそうにニヤニヤしている。

やっと目的地に着いてホッとすると、

「いや〜のりちゃんは、おっかないな〜」

「えっ！　今、なんて言ったの？」

「のりちゃんが一番優しい、って言ったの」

こんなやりとりをいつもしている。

心を届ける関係を築く

前述したことを思い出してほしい。介護はサービスである。

もちろんこのNさんからも利用料金をいただいている。われわれ職員にとって、利用者はお客様であり、Nさんももちろん同様である。普通、お客様に向かって「ダメダメ！　もっと足を上げて！」なんて言い方をするサービスがあるだろうか？　あるはずがない。

これが**ヒューマンサービスの特徴であり、おもしろく、奥深いところ**でもある。

サービスとは、もともと何かといえば、個別のお客様のニーズを満たすことであり、満足度を高めることである。サービスというと、すぐに言葉づかいなどを思い浮かべる方が多い。もちろん、言葉づかいはきれいなほうがいいに決まっている。ＴＰＯに合わせることが大事なのだが、時には**言葉づかいなどを超えた気持ち、心を届けることのほうが大事**な場合もある。

のりちゃんは、「元気になってほしい」「また歩けるようになって、健康でいてほしい」という思いを表現した。Ｎさんは「一生懸命やってくれるのりちゃんのために、頑張らなきゃ。健康でいなきゃ」と思った。これこそが、**同じ目標を持った共同指向型サービスである。**

本来のサービスは、至れり尽くせり、お金を払うのだから気分良く何でもしてもらうのが当然良いサービスである。ところが、介護が必要になったお年寄りに至れり尽くせり何でもしてしまうと、体が弱り、できることまでできなくなってしまう。

だからといって、お金を払っているのに、上からものを言われたり、指導されたりしたのではたまらない。単純にいえば、**「この人に言われるとうれしい」「この人に励まさ**

れるとやる気が出る」そんな関係を築くということなのだ。

平日の午前中、整形外科に行ったことのある人なら、感じるのではないだろうか。どこも悪くなさそうな（失礼！）年配の方たちが大勢いらっしゃる。そこは年配の方たちにとっての集いの場であり、リハビリの先生の卵である若いスタッフたちとお話ができる社交の場なのである。

この人たちに会うために、年配の方たちが雨の日は傘をさし、暑い日は日傘をさして、せっせと通う。これ以上のリハビリはない。そういうモチベーションこそが本来のリハビリであり、共同指向型サービスである。

介護保険法の第1条、《目的》には、「自立した日常生活が営むことができるよう…」とある。つまり、自立支援をすることが、介護保険法の下に行なわれるサービスの目的なのだ、といっている。

自立支援にはリハビリが必要だが、嫌々やらされるようなリハビリなら、しないほうがいい。嫌いな人間に指導をされるようなリハビリなら、かえって生きる気力を奪われるというものだ。

大事なお年寄りに「元気でいてほしい」「健康でいてほしい」と願うのであれば、その人に愛される人になればいい。その人にとって、大好きな人になればいいのだ。

「この人がいるから頑張れる」「この人がいるから健康でいたい。長生きしたい」と思われる人になればいい。どんなリハビリの知識、医学の知識よりも、そのほうがずっと大きな力になる。

Nさんはその後も数年の間、さつき荘でのりちゃんとともに楽しい時間を過ごした。

「お父ちゃん、息子さんが来たら、なんて言うんだっけ?」

「のりちゃんには一番お世話になってます」

こんな鉄板のやりとりを最後までしていた。

この原稿を打っている数カ月前。Nさんは旅立たれていった。

Nさんが晩年、楽しそうに生活されていたのが今でも思い出される。Nさんのご冥福を心よりお祈りします。

第６章　大切な人を守る力

方程式が通用しない介護現場

数ある介護業務のなかから、一番大事なものは何か?と聞かれれば、私は迷わず「リスクマネジメント」と答える。

リスクマネジメントはすべてのサービス、業務の土台であり、まずこれができていなければ何も始まらない。どんなに素晴らしいサービス、ホスピタリティがあったとしても、お年寄りが転んで骨折した、認知症の利用者が行方不明になってしまった、間違って他の人の薬を飲ませてしまった、こんなことが続いていたらサービスどころではない。介護職としてまず大事なこと。**それはリスクに対する予見能力、対処能力**である。高齢者介護の現場におけるリスクマネジメントは簡単ではない。

ホテルサービスなどで考えた場合、リスクマネジメントといえば、いかに先回りできるかということになる。それにはお客様の心理や行動を分析し、いち早く先回りし、おもてなしをする。お客様は想像していたことができてないと苦情になり、想像を超えた場合には評価となる。だから、いかに苦情にならないよう先回りし、対処できるかが重要なのだ。

例えば、ホテルマンは限られた人数でお客様の行動に先回りし、サービスを提供する。このお客様の**行動分析に不可欠なのは、「時間」**である。人間というのは、ほとんどが時間を軸に動いている。時間に動かされている。だからこそ、予見がしやすい。

チェックインが多くなる夕方5時〜6時や、チェックアウトの多くなる朝8時〜9時。この時間に先回りし、車を手配したり、荷物を持ったりすれば、お客様はその丁寧さに満足される。

夕食に向かわれる夕方6時〜7時ぐらいには、レストランに人を多く配置すれば良いし、入浴者が多くなる時間の前に大浴場をきれいにすれば良い。

多くの仕事が、時間を意識して先回りするようにできている。これがリスクマネジメントにつながるのだ。

しかし、**介護現場においてはこの方程式が通用しない**。

認知症の方にとって、時計は腕や壁にあるのではなく、ご自分のなかにあり、またその時計の針は、同じ方向にばかりは動かない。5分前にご飯を食べ終えた人が、「お腹が空いたね」とやって来る。夜中に起きて来られて、「仕事に行かなきゃ」と言う。せっかくのお風呂も猛烈に拒否する。とにかく職員の思い通りになどなってくれない。一般的な時間など、当てはまらないのである。

だから、時間で先回りしてリスクマネジメントしようとしても、通用しない。いつお腹が空くかわからない。いつ寝るのか、いつ起きるのか、下手をすると一日中はおろか、2~3日寝ない方もいる。寝てくれればいいのに寝ないものだから、足元がフラフラ。転倒のリスクが高くなる。

お腹が空いていれば、食べ物じゃない物を食べようとする人がいる。混乱したまま放置されれば不安になり、どこかに出て行ってしまう。こういう方たちを守るのが介護職の役目。リスクマネジメントなのである。


さつき荘のリスクマネジメント概念として、**「大切な人を守る力」**というのがある。この概念ができたのが、たしか7~8年前。あることがきっかけだった。

“最幸”の介護エピソード・ファイルNo.7

Kさんは80代後半の女性。さつき荘に入居された時から寝たきりで、体の線も食も細く、ペーストの食事をとるのもやっとの状態であった。

そんなKさんの担当になった女性職員のかほりちゃん（仮名）は、Kさんに元気になってもらいたい、笑ってもらいたいと毎日時間があればKさんのところにいた。

「Kさん、あたしの名前は？」と、毎日名前を呼んでもらいたくてたずねる。

Kさんは、入居前から長い病院生活で声が出なくなっていた。

最初のうちは何度言っても声が出なかったが、職員の「か・ほ・り・だよ」というしつこい声かけに、「か～ほ～り～…」と声を出してくれるようになった。

ここでKさんの優しさを感じるのは、必ず「か～ほ～り～…ちゃん」というところ。もともと声が出ないのに、いつも絞り出すように答えてくれるのである。名前を呼んでもらって大喜びの職員を見て、Kさんも口をパカッと開けて笑ってくれた。

この職員のかほりちゃんは、どんどん元気になってくれるKさんを見るのがうれしくて、変なメガネをかけたり、冗談を言って笑わせた。

Kさんが、何度、プーッ!!と食べている物を吹き出したか数えきれない。たしかにKさんは、日に日に元気になっていった。ただ、自分で体を動かすことや「か〜ほ〜り〜…ちゃん」以外の言葉を言うのは、難しいままだった。

そんなある日、こんなことがあった。

Kさんは、ベッド上でおむつ交換をする方だった。Kさんのおむつ交換が終わり、看護師がKさんのところに行くと

「おーい!誰だ〜? Kさんのおむつ交換に入ったの〜?」と大声を出した。

「私です!」と飛んで行ったのは、担当職員のかほりちゃん。

「これ見てみろ」と厳しいベテラン看護師が言う。

そこには、もともと細く、皮剥けしやすいKさんの腕から出血が…。

「あああッ!私だッ! 私が今、交換に入った時にきっとぶつけたんですッ! ごめんなさいッ!! ごめんなさい!! Kさん!!」と、必死に謝るかほりちゃん。

「ダメじゃないの!」と怒る看護師に対し、Kさんが

「わあああああッ!」と大声を出した。

今まで振り絞るようなかすれた声で「か～ほ～り～…ちゃん」というのが、精一杯だったKさんが、今まで聞いたことのない大きな声で叫び出したのである。

しかも、その「わあああぁッ！」という叫びは止まらなかった。

あまりに必死に叫ぶKさんに、

「どうしたんですか？　Kさん」と、そこに居あわせた私は尋ねた。

するとKさんは

「ち～が～う～」と、声を振り絞って答えた。

何度も何度も、

「ち～が～う～」と、叫んだ。

「何が違うんですか？」

と聞くと、さらに聞いたこともない大きな声で、

「じ～ぶ～ん～で～やっ～た」と言い、それを繰り返した。

この言葉には、さすがに参った。

そこにいた職員全員が言葉を失い、その目から涙があふれた。

Kさんの体はまったくと言っていいほど動かないのである。そのKさんが、自分で傷をつくるはずがない。必死にかほりちゃんをかばおうと、声を振り絞ったのだ。

「Kさん、ごめんね。本当にごめんね」と、かほりちゃんは泣きじゃくった。

その姿を見て、Kさんは口をパカッと開いて笑っていた。


それからもかほりちゃんは、Kさんのために一生懸命だった。

寝たきりのKさんを、寝たきりにさせなかった。リクライニング車椅子に乗せて、一緒に街にくり出した。買い物に行ったり、お花を見に行ったり。かほりちゃんは、Kさんとの残された時間が少ないことを感じとっていたのだろうか。とにかく一緒に想い出をつくろうとしているようだった。


それから数カ月が過ぎた。持病もあり、けっして体の状態が良いとはいえなかったKさんに、最期の時が迫っていた。

食べられなくなってきたKさんに、職員たちは一生懸命介助するが、どうしても喉を通らない。そんななかでも、かほりちゃんの買ってくるココアだけは飲んでくれた。

Kさんが飲んでくれるので、かほりちゃんは自腹を切って毎日ココアを買ってきた。休みの日にまで来て届けるありさま。さすがに私も注意したが、言うことをきかなかった。ただ実際は、Kさんはすでに食事や水分をとれる状態ではなかったように思う。良くしてくれたかほりちゃんのために、一生懸命に応えてくださったのだろう。そこには他人が介入できない二人の信頼関係、友情のようなものがあった。

だが別れの時は思いがけないかたちでやってきた。それは真夜中のこと。夜勤職員が巡回でKさんのお部屋に行った際、すでに息をひきとっていたのである。

夜勤職員はすぐにご家族へ連絡。その後、すぐに担当職員のかほりちゃんにも電話をした。翌日は休みだったかほりちゃんだが朝一番に駆けつけ、Kさんを見送った。

夜勤職員をはじめ、職員たちは悔やんだ。Kさんが旅立つ際、そばに寄り添ってあげられなかったことを。もちろん状態の良くなかったKさんを、定時巡回の時間以外にも巡回するようにしていた。それでも、その瞬間に立ち会えなかったのだ。職員たちには「もっと○○してあげたかった。○○してあげたかった」と、後悔する想いがあふれていた。

状況を聞いたご家族は、

「寿命です。悔やまないでください。母はみなさんのおかげで、十分生きました。感謝して旅立ったと思います」

と、おっしゃっていた。


職員たちは、あらゆる可能性を考え、リスクを受信することのできなかった自分たちの未熟さを責めた。この時、わかったのだ。

知識、技術、経験を総動員させなければ、大切な人は守れないことを。このことをきっかけに、リスクマネジメント委員会が発足し、「大切な人を守る力」という概念が生まれた。

第7章

「生きる」という意味を理解する

介護業界のパターナリズムとは？

多くの施設では「身体拘束廃止委員会」が設置されているが、さつき荘のように**「心身の拘束廃止委員会」**を設置している施設は、他の施設では聞いたことがない。

身体拘束というのは、例えば、点滴を抜いてしまうからと手をベッド柵に縛ったり、ミトンをはめたり。車椅子から立ち上がって転倒してしまうので体をベルトで締められたり。ひどくなると、ベッドから転落するからとベッドにプロレスのチャンピオンベルトのような太いベルトで縛られている人も見たこともある。

ウソ？と思う人もいるかもしれないが、だいぶ改善はされているものの、実際に医療や介護の現場で身体拘束はなくなっていない。鍵のついたつなぎ服などが相変わらず存在しているのである。

そもそも、身体拘束がなぜいけないのか？　それは、本人の意にそぐわないからであろう。誰が好き好んで縛られたいものか（世の中広いので、変わった趣味の人もいるが…）。つまり、根本的には人の意にそぐわないことをしてはいけない、という理由なのである。

だとしたら、体を縛ったりする身体拘束だけがなくなれば良い、というものではない。人の意にそぐわないこととは、こうした目に見えるようなことばかりでなく、目に見えない部分のほうがむしろ大きい。よく例に挙がるのが、スピーチロック。言葉による拘束だ。

足の筋力低下があったりして、転倒しやすい利用者が立ち上がろうとすると、「危ないから、座ってて！」と抑制する。リハビリと同様に想像してみてほしい。自分が立ち上がろうとしただけで、若い職員から「座ってて！」と強い口調で言われたら、どうだろう？

最近流行りの赤外線やマットセンサーなんかも同じだ。ベッドから起き上がると、職員が持っている受信機がキャッチして駆けつける。利用者を守る意味ではいいが、これだってお年寄りにとってみたら不思議なことだろう。自分が何かしようと起き上がると、職員が走ってくるのである。

「私は、監視されている」そう思っても当然。

人から監視されているなんて、こんな意にそぐわないことはない。いくらリスクマネジメントが必要だといっても、監視、管理されているような気持ちにさせるのは良くない。

だから**体の拘束だけでなく、心の拘束も廃止しなければいけない**のである。そこで立ち上げたのが、心身の拘束廃止委員会であった。

そこでやはり対立したのが、リスクマネジメント委員会だった。

これは当然だろう。リスクマネジメント委員会は事故の可能性を予見し、未然に防ぐため対策を打つ。一方、拘束廃止委員会は、その対策により利用者の自由を奪うような結果になっていれば廃止の方向で検討する。相対するのは当然でこれはむしろ狙い通りであった。

介護業界では、パターナリズム（父権主義）という言葉がよく使われる。

例えば、小さな子どもが高熱を出していたとする。親はもちろん心配で病院に連れて行こうとする。だが、子どもが「病院」と聞いて注射などを連想し、「嫌だ！」と言ったらどうするか？　本人が嫌がっているのだから、本人の意思を尊重して様子を見る？

こんなことをしたら、大変なことになる。小さな体の子どもを高熱の状態のまま放置したら、死に至る場合だってあるのだ。ここは親の義務、権限で子どもを病院に連れて行く判断をするのが当然である。

高齢者に対しても似たような場合があり、認知症の高齢者が机の上にあった消しゴムを見て、「美味しそう」と口に入れてしまった。これを「本人が美味しいと思って食べてるのだから、食べさせてあげよう」と放置したらどうなるか？

このように、**介護職には判断が難しくなっている高齢者を保護する責任**があり、このような行為、考えをパターナリズムという。

しかし、このパターナリズム。じつは良いものでも悪いものでもなく、いきすぎに注意しなければいけない、というちょっと変わった定義でもある。先ほど例に挙げたように、点滴をしないと命の危険があるという状態の方。

「あたしは、こんなことまでして、生きてたくないんだ！」と思って、自らの意思で点滴を外すのなら構わないが、まだ生きていたいという思いがあるにも関わらず、点滴がなんのことかわからず違和感があって抜いてしまう方。これはくいとめてあげなければならない。

じゃあ抜かないために手を縛るのもＯＫじゃん？というと、そう単純なことではない。

もともと身体拘束をするにあたって、後述の条件にあてはまれば、同意を得て（他にもいろいろ細かい条件はある）実施できることになっている。

一時性、切迫性、代替性。一時的であればやむをえない。命の危険があったり、切迫している状況ならやむをえない。代替案がどうしてもない場合もやむをえない。つまり、どうしようもない時はやむをえないのである。

しかし、プロの介護職である以上、この**「どうしようもない」というハードルの高さは上げなければいけない**。なぜなら、拘束は人の人格をも崩壊させ、自ら命を絶とうとすることさえあるのだから。

〝最幸〟の介護エピソード・ファイルNo.8

〝武器〟は必要ないことを悟ったTさん

今から、7～8年前だったろうか。さつき荘に一本の相談の電話があった。

Tさん、80代女性。同居している息子から、暴力、暴言、食事を与えないなどの虐待を受けている。ご近所の方から行政に通報があり、その事実が発覚。息子から離すため、行政が保護したとのこと。

「息子さんとよく話はしてみるが、家に帰すのは難しいと思う。入居できる施設を探していくが、その間、さつき荘で預かってもらえないか?」という相談であった。

その時のさつき荘は、入居として受け入れることはできなかったが、入院中の方の空きベッドを使って受け入れることにした。こういう場合はケチなことを言わず、無理をしてでも受け入れるのが福祉、サービスの基本姿勢だと私は思う。

よくホテルでは、夜遅い時間に「今から泊まりたいのですが、部屋は空いていませんか?」と問い合わせがあった場合、実際の状況に関わらず、一泊何万円もする高い部屋を案内するところがあるらしい。

夜遅い時間に問い合わせてきたということは、何か予定通りに行かないことがあり、困ってしまっているのだろう。そんな人に対して相手の懐事情も考えず、高い部屋しか空いてないと案内するなど、なんとシケた考えだろうか。こんな対応をするホテルなら、三流だと言わざるをえない。

少々話がそれてしまったが、ホテルマンも介護職も、困っている人を助けたいというマインドはどちらも同じであってほしいと願う。

Tさんが行政の職員に連れられ、さつき荘へやって来た。身長は140㎝くらい。体重は30㎏くらいだろうか。とにかく小柄で可愛いお婆ちゃんだった。

しかし、可愛い見た目とは裏腹に、その暴れっぷりは凄かった。職員がちょっとでも近寄ろうものなら、杖を振り回し威嚇してくるのである。

なんとかお部屋へご案内したが、お茶を持って行っても、食事を持って行っても、そもそも挨拶すら許されない。

コンコンとノックをしただけで、

「なんだーッ！」

と、ティッシュ箱を投げてくる始末。

インテーク（一番はじめに話を聞くケースワーク）が必要であることは施設側の都合であって、利用者には関係ない。利用者の情報なんかなくとも、現場ではとにかくやる（ケア）しかないのだ。

「Tさん、お食事ですよ」

職員がお部屋をノックする。

「うるせーッ！　来るんじゃないッ！」と物を投げつけられる。

本当はお腹が空いているはずだ。ずっと息子さんから、食事を用意してもらってなかったのだから。

職員は両手を挙げて
「降参、降参！　参った、参った！　ここに置いていくから食べてね」と、部屋の入口にあるテーブルに食事を置いていく。

「うるせーッ！　余計なことしないで持って帰れーッ！」と怒鳴られるが、10分ほどして見に行くと、洗ったお皿かのようにきれいにたいらげているのである。

本当は腹ペコなのだ。ただ、食器を下げに行くとギラッと睨まれ、杖を向けて威嚇されるのは相変わらず。

無理もない。二人っきりで生活していた息子さんから殴る蹴るの暴力を受けていたのだ。人を信じられなくなったり、人に触れられることすら怖くなったに違いない。

杖はTさんが自分を守る唯一の〝武器〟だ。

それから数時間が過ぎ、思うところあって、Tさんのことを職員が
「Tちゃん」

と、呼ぶようになっていた。ファーストネームに「ちゃん」づけ。

人生の大先輩に対して、とても失礼な話で、基本的にあってはならない。ただ、生活支援のプロフェッショナルとして、今まで何百人という高齢者の介護をしてきた介護職の狙いがあった。そこだけは、理解していただきたい。

職員が「Tちゃん」とお呼びすると、

「何がTちゃんだッ！　この野郎！」と怒っていた。

だが、どこかまんざらでもない雰囲気。

おそらく、職員はそこにパーミッション（第3章参照）を感じたのだろう。そこからさらに数時間が経った頃、Tさんはトイレに行った帰りに、パブリックスペース（共有スペース）で足を止め、他の利用者と一緒にテレビを見ていた。

「おっ！　Tちゃん、部屋から出て来てくれたの？」

職員がうれしそうに聞くと、

「ふんッ!」と相変わらず。

しかし、その表情、態度は明らかに変化していた。しばらく部屋とパブリックスペースを行ったり来たりしていた。すると職員があることに気づいた。

「あれ? Tちゃん、杖は?」Tさんは、大慌て。

「あッ! 忘れてた!」と部屋に取りに帰る。

そう、職員の「私たちは、Tさんが好きですよ」という意思表示をした温かい関わりに、Tさんのなかで安心感が芽生えてきたのである。

ひと晩眠って、次の日の朝食。

Tさんは、杖も持たずに食堂に現れ、他の利用者と一緒にご飯を食べた。職員が部屋を見ると杖が見当たらず、ベッドの下にしまってあった。Tさん、ここで〝武器〟は必要ないことを悟ったのだ。

その日の午後、新規のショートステイの女性が入居した。その女性利用者は初めての利用に不安な様子。インテークが終わり、お部屋から出て来られた。パブリックスペースへ移ると、Tさんはわざとらしくその方の横に座った。お二人の前を早足で業務をこなす職員たちが通る。

「Tちゃーん！」と忙しいなか、職員が笑顔で手を振ると、

「あたし、ここじゃTちゃんで通ってんだよ」と、Tさんは新規の女性利用者に対して先輩風を吹かせ、不敵に笑った。

たった一日の先輩だが、お年寄りにはお年寄りの世界があるのだろう。

Tさんはすっかりさつき荘に馴染み、行事やクラブ活動に参加しては、

「ワッハッハ！」

と豪快に笑い、本当に楽しそうに過ごしていた。

こんな笑いに溢れた生活はTさんにとって何年ぶりだったのだろう？　何十年？

Tさんがどんな人生を送ってきたのかわからないが、間違いなくここ数年間にはなかった生活だと思う。

Tさんはイキイキとしていた。

それから2週間ほど過ぎた頃、行政から電話がかかってきた。

「受け入れ施設が決まりました。明日、そちらへうかがいます」

ついに、お別れの時が来てしまった。

事情を話しても、Tさんは、耳を貸さなかった。

「やっと安心できる場所が見つかったのに…」

その思いは、Tさんも職員も一緒だった。

だが、緊急時ということでお請けした話。これを続けることは、違法になってしまう。行政の判断はやむをえなかった。

行政の職員もTさんに説明してくれたが理解は得られない。しかたなく抱えられるようにしてTさんは車に乗せられた。

「何すんだーッ！　私はここが気に入ってるんだッ！　どこへも行かないぞッ！」

涙で必死に抵抗するTさん。

それをどうすることもできず、涙で見送る職員たち。

Tさんが入居し、杖を振り回して暴れた姿、それから心を開いてくれ、みんなと一緒に過ごす姿、豪快に笑うTさんの笑顔…職員の脳裏をさまざまな思い出がよぎっていた。

私は、車に乗せられるTさんに名刺を渡し「Tさん、何かあったら、この人に電話してくれ!と言うんだよ。わかったね?」と言った。

Tさんは、その名刺を握り締め、大事そうに胸の前に持ち、うなずいた。

同じシステムなのに人の人生を変えてしまう

それから時が流れ、「Tさん、どうしているかなぁ?……」と思いつつ、日々の仕事に忙殺されていた、ある日。行政から届く待機者リスト(さつき荘へ入居を申し込んでくれている方のリスト)のなかに、Tさんの名前を見つけた。

私は驚いてすぐに行政の職員に電話をかけた。

「あれから施設に入ったんですが、やはり人を寄せつけず、杖を振り回して、暴れていたんです。危険ということで杖を取りあげられ、体をベッドに縛られました。食事は介助で出しましたが拒否が強く、脱水、寝たきりになってしまいました。食事をとれないということで病院へ入院。経管栄養をして、今は病院から退院を迫られている状況です」という話だった。

みなさんは、どう感じるだろうか？　施設を移ったTさんの行動は、さつき荘に来た時とまったく同じだった。

一方（さつき荘）では、「参った！　降参！」と言いながら、なんとか食べてもらおう、安心してもらおう、笑ってもらおうと、あの手この手を尽くして、Tさんの心を開こうと必死に頑張る職員がいた。

しかしもう一方では、同じ特養でありながら、暴れるから危ないと杖を取りあげ、ベッドに縛り、食事を食べないからと入院させてしまう。

残念ながら、これが現実である。

特養という同じ法の下、同じシステムであっても、そこに従事する**職員の力量、人間性、志によって、こうまで人の人生を変えてしまう**のである。

私たちは、このことを肝に銘じなければならない。80年、90年と**必死に生きてきた方**

の最終ステージを引き受けるのだ。それ相応の覚悟と自己研鑽に励むべきである。

だが実際にやることは単純だ。必要なのは優しい心。

「大変な時代を乗り越えて生きてきたのだから、最後はその苦労が報われてほしい」と、思う心だけ。その心さえあれば、どんな困難なことであっても、自分が、自分たちがどうするべきか、自ずとわかってくるものだ。

Tさんのようにベッドに縛られたりすることは、人の主体性を崩壊させ、生きる気力を奪い、食べることすら嫌になる。そして、このことは身体拘束だけでなく、**自由を奪われる「心の拘束」も同じ**こと。自分より若い、人生経験の浅い人から、ああしろこうしろ、あれダメこれダメ、そんなこと、誰も言われたいわけがない。そういうことを理解することが「心身の拘束廃止」につながるのである。

要介護高齢者のお世話をする介護職には、「倫理観」が必要だという。私自身も、倫理に関する文献を読んだり、研修などにも参加したりした。そこで私がたどり着いた結論はいたってシンプルなもの。

「生きる」という意味を理解すること、理解しようとすることだ。

古い言い伝えに、「子どもを叱るな、来た道だから。年寄りを笑うな、行く道だから」というものがあると、聞いたことがある。そう、誰しもが行く道なのだ。生きるという行為は決して平坦な道ばかりではなく、生きるということ自体が苦しいものでもある。それでも人は生きていく。そうして高齢者の方たちは苦労して生きてきた人生が、後半を迎えている方たちなのである。

「この人の苦労して生きてきた人生が、最期に報われてほしい」

そう想うことが倫理観であり、それを学ぶことができる職業が、介護職なのである。できれば、すべての職業に就く人、もしくは学生時代に、介護施設での実習が義務づけられればと思うことがある。**介護現場で学べる倫理というのは、今の世の中にとても必要なこと**だ。

第8章　「心」を育むプログラム

指導は、ストロング・スタイル

介護の仕事、なかでも特養の仕事というのは非常に離職率が高いと言われている。それだけハードな仕事で、肉体的にも精神的にもきつい。早番や夜勤の変則勤務に加え、利用者を事故から守り、時には人生の最期を看取ることもある。

このような仕事を長く続けるには、精神的なタフさも必要だし、腰などを痛めずに続けていけるたしかな技術も必要である。こういった厳しい仕事だが、さつき荘には15年、20年と特養一筋で働き、体を壊すことなくきている職員がいる。

こういう職員は、**ジョブ・アナリシス**といって、自分の**業務、技術がどのような動作から成り立っているのかを、システマチックに分析する力**に長けている。そうでなければ、これだけハードな仕事を長い期間、腰も傷めず続けていけるはずがない。だからこそ、当然指導も上手いのである。

さつき荘には年間通して数十名の実習生が来る。介護福祉士の資格を取るため。社会福祉士の資格を取るため。教員免許取得のためのカリキュラムとして。またハローワークを通じての求職者支援等。実習のタイプはさまざまであるが、さつき荘の指導は一貫している。「ストロング・スタイル」。これこそがさつき荘が長年かけて築き上げてきたスタイル、イズム、イデオロギーである。

「介護士は強くなければならない」と聞いて、頭にクエスチョンが浮かぶ人が多いと思う。「介護士は、優しくなければいけないいんじゃないですか？」と聞き返したくなるであろう。その通り。介護士は優しくなければならない。さつき荘では、その**「優しい」という定義を、「強さ」という土台の上に成り立つもの**、としているのである。

表面上、人に愛想良くしたり、笑顔でいることは、たいていの人間ができる。まして、自分のコンディションが良かったり、仕事やプライベートが順調で調子が良ければ、人に優しくすること、親切にすることなどたやすいことである。

しかし、逆の場合はどうだろう。

自分のコンディションが悪い時、仕事もプライベートも上手くいかず、絶不調の時、人に優しくできるだろうか？　介護という仕事は、**自分の思い通りに事が運ぶ仕事ではない**。認知症の方は不安になったり不穏になったりすることが多く、何度同じ話をしても、繰り返し同じことを聞いてくる。

おしっこやうんちを漏らして、時にはうんちまみれになってしまうこともある。夜間帯、一人で利用者の介助をしていても、あっちからこっちからコールが鳴ったり、センサーが反応したり、どうにもパニックになりそうなこともある。

そんな状況のなかでも、相手を思い、優しくできるか？

それは強い人間にしかできない。調子の良い時は、誰でもいいことを言うし、優しくもできる。だが本当に自分を試されるのは、調子の悪い時、上手くいかない時なのである。自分の思い通りにはならない介護という仕事だからこそ、「強くあれ」と定義しているのだ。

健全な体に健全な精神が宿る、と言われるように、体も健康であったほうが良いことは言うまでもないが、ここでいう「強さ」とは、精神的なことを指している。**「強さは愛」**なのだ。

知識と技術を動かす「心」のエンジン

さつき荘の学生に対する指導は厳しい。よく「体育会系」と言われるが、じつはそんなに単純なことではない。学生に指導するのだから、当然、必要な「知識」と「技術」を教えなければならない。しかし、知識と技術だけを教えても、良い介護士にはなれない。**知識と技術が車の両輪だとしたら、それを正しく動かすエンジンが必要**である。そのエンジンが**「心」**なのである。

みなさんも想像してほしい。将来、介護を受けなければならない状態になったとしたら、どのような人に介護をしてもらいたいか？

多くの人が、「優しい人」と答える。

介護を受けるということは、決して幸せなことではない。体が動かなくなれば、自分で食事も食べられない。排泄では人にお尻を拭いてもらい、お風呂では裸を見られる。そこには、恥ずかしい気持ちとともに申しわけない気持ちが発生する。さらに、そこへ嫌な顔をされながら介護されたり、文句を言われたり、舌打ちをされたりしたら「情けない」という気持ちが発生する。

人間は、基本的に自分のことは自分でしたい。高級ホテルなどで、至れり尽くせりのサービスを受け、良い気分になれるのは、あくまでも自分のことが自分でできるという前提があって優越感を感じられるからである。自分のことが自分でできず、自信を失っている状態では、そのような満足感は得られない。

だからこそ、**介護を職業とする人間には「心」が必要**なのである。さつき荘の指導は「体育会系」と言われるが、それは手段であり、イメージであるだけで、**本当のコンセプトは「心を育む」**というところにある。

ただし、これは容易ではない。心を育む教育は何も介護の業界だけで必要なことではなく、サービス業を筆頭に多くの職業に必要なスキルである。だが、多くの業界でこれが指導できず苦しんでいる。何をどのように伝えれば、この「心」を育めるのか？

それがプログラムされたのが、さつき荘の指導体制なのである。

みなさんも、高齢者介護施設における虐待のニュースなどを目にしたことがあるのではないだろうか、枕の下に録音テープを隠したり、隠しカメラの映像なども流れ、世間に衝撃を与えた。昔、有吉佐和子さんの『恍惚の人』を読んで、「ぼけたくない」と思った人が多いようだが、現代ではこの虐待の音声や映像によって、「ぼけたくない」と思った人が多いのではないだろうか？　歳をとって体がいうことをきかなくなったり、認知症になったりしたらこんなめにあうのだ、と悲観した人も多いはずである。

私たちは高齢者介護を仕事にする者として、こんな恐ろしいことをしてしまう職員を絶対につくってはならない！　そう肝に銘じている。それこそが「心」の教育の第一歩なのだ。

現代の高齢者は、大変な時代を生き抜いて来られた方たちである。

戦争が終わってから間もなく70年になるが、80代、90代の方たちにしてみたら、終戦の時、10代、20代、青春の真っ盛りだったのである。戦時中の悲惨さは、8月の終戦記念日頃になると、思い出したように多くのメディアが取り上げるが、そんなことには関係なく、じつは多くの高齢者の方は戦後の苦労を口にする。戦後の物のない時代も戦時中同様、大変な時代だったのだ。

私はこの仕事に就いて、幸いなことに高齢者の方たちから、その時代の生々しい体験をたくさん聞くことができた。男性から、戦争で死と隣り合わせのなかで生き抜いてきた武勇伝を聞いたり、捕虜になって地獄のような苦しみを味わった話を聞いたり。だが、私がなかでも強烈な印象として忘れられないのは、戦後、家族を守るために文字通り体を張って生き抜いてきた女性の体験だった。

戦争映画などでは、戦場で銃撃戦を展開する男の闘いが描写されることが多いが、男たちが戦争に行った後、家族を守った女性の強さも特筆すべきことだと思う。ある女性は、男たちが戦争に行ってしまった後、防空壕を掘り、電気を引き、一人で高齢の親や子どもたちを守った。

食べ物は、兵隊さんに捧げる物だった。赤ん坊におっぱいをあげたくても母乳が出ない。まともな草履もないなか、遠くの親戚の家に米を分けてもらいに回った。その米だって、まともな米ではない。本来なら捨てるカスや、当時は油臭いと言われていた外米を分けてもらった。

戦後もお金がない。戦争で夫を亡くし、男手がないなか、家族を養うために必死に生きてきた話はあまりにも辛くて、耳を覆いたくなるような話だった。病気になっても治療することもできず、高熱が出たり、体に謎の斑点が出た時の不安な気持ち。それでも必死に生きた。

マッカーサー元帥の子どもにピアノを教えた話を聞いた時は、歴史の教科書で読んだ時代の人たちなんだと実感した。ビートルズの来日に興奮した話を聞いた時は、親近感を覚えた。

目まぐるしく変わる時代のなかで奔走し、必死に何かにしがみつくように生きてきたのである。そんな激動の時代を生きてきた方たちが、高齢になって介護が必要になったからといって、粗末な扱いをされて良いはずがない。いや、そんな扱いをされることは断じてあってはならないのである。

生活歴を知り、敬意をもって介護する

介護職には、自分が介護をする高齢者の方たちが、**このような時代を生きてきた方たちなのだと自覚させることが大事**なのである。この方法の一つとして、私たちは、「ストーリーテリング」という方法を用いる。

人間は、暗記するような、頭で理解する作業より、心で納得することのほうが忘れない。心で納得する最良の方法は、「物語」である。小さい頃、お爺ちゃんお婆ちゃん、もしくは親から聞いた昔話や童話を大人になっても忘れないのは、「物語」だったから

である。私たちは、介護を必要としている**高齢者の方たちの人生を、事実を、物語として整理**し、学生や後輩たちに伝える。

入居の時（契約の時）にうかがった生活歴を「ゲストヒストリー」と呼び、配信するのである。このゲストヒストリーを知らずに介護することと、**その人の人生史を知ったうえで介護するのとでは、大きく違いがある**。現代のシステム上、特養に入居してくる方というのは身体の衰えも認知症も重度化傾向にある。

失礼な言い方をすれば、もの言わぬ人たち。密室のなかで行なわれることも多い介護の場面で、粗末に扱われたり、嫌な態度をとられたり、下手をすれば叩かれるようなことがあったとしても、話すことができなかったり、認知症によって忘れてしまうような人たちが多いのである。

その人たちに敬意を持って介護するには、今、目の前の身体が衰え認知症になった人を見るだけでなく、その人がここまで生きてきた生活史、つまり**ゲストヒストリーに思いを馳せながら介護する**ことが大事なのである。

このゲストヒストリー。ただ、利用者の生活歴が時系列に書かれているだけでは、とても頭に入らない（心で納得できない）。この生活史を、もちろん脚色はしないがロジックをわかりやすく、物語として組み立てる。

私の場合、ハリウッド映画の脚本家たちの師と言われているロバート・マッキー氏の定義を参考にさせていただいている。

①バランスのとれている状態

②事件発生

③バランス回復への努力

④努力によって真実の発見

簡潔にいえば、このような定義に生活史を組み合わせていく。

世界中にある多くの人に愛されたストーリーは、このような「型」を持っており、利用者の方の真実のストーリーを、この型に当てはめていくことでより人の心を打つようになる。

事実に手を加えているのではないか？と斜に構えて聞く人もいるかもしれないが、「事実は小説より奇なり」。大変な時代を生き抜いてきた高齢者の方たちの人生は、脚色の必要などないほど波乱万丈だったのである。

さつき荘の介護はここから始まる。つまり指導もここから始まるのである。

利用者の苦労して生きてきた人生が報われてほしい。そう思える介護職の「心」というエンジンを搭載させ、その方の人生が報われるためには、自分たち**介護職のコーディネートがいかに重要であるかを理解させる**。

そして、コーディネートに必要なのが知識や技術なのである。

さつき荘の人材育成はこのような流れになっており、**OJT（組織的教育）で徹底した現場実践**はもちろんのこと、**幅広い研修プログラムが組まれている**。

接遇マナーから介護技術、認知症の理解、対人援助、ホスピタリティ、マーケティング、リスクマネジメント、ターミナルケア…。何十時間にも及ぶ内部研修の受講を義務づけ、組織の理念を徹底的に叩き込まれる。この研修で講義を担当するのは、すべて先輩の職員。私も出講するが、多くは現場の主任、副主任、なかには一般職員も講師として役割を担う。

この結果、講義を担当する職員たちも、**自分の仕事、考えを整理する機会になり、自**

分たちの成長にもつながっているという仕組み。だからこそ、この章の冒頭にも述べた15年、20年という長い期間、体を壊すことなく、介護を続けてこられたジョブ・アナリシスが完成されており、指導力につながっているのである。

なかでも、当法人の介護主任Tさんの指導力はずば抜けている。経験から語られるボディメカニクス（身体の動きのメカニズムを活用した介護方法）の知識と技術、冷静な判断力とその動きは、長年特養で働くなかで数々の修羅場をくぐり抜けてきた迫力すら感じる。

対人援助やホスピタリティも申し分ない。Tさんが実践報告会のなかでターミナルケアについて整理し、発表したことがあったが、組織の考えプラス彼の誠実な考え、人柄には自然と涙が流れたことを覚えている。

Tさんもまた、**指導をするうえで大切な「心」というハイブリッドなエンジンを搭載**しているのである。彼のような仲間に恵まれたから、今のさつき荘がある。私は、Tさんへの感謝の気持ちをいつも忘れない。**組織の発展には、人材育成こそが要**であり、それを牽引する彼のような**リーダーが必要**である。

第9章　マーケティングセンスを磨くには？

顧客が誰であるのかを知る

さつき荘の内部研修のなかに「マーケティング」という授業がある。この授業以外にもマーケティングについては、会議の場などでもしばしば用いられ、日頃からそのセンスを磨くよう指導している。

介護職にマーケティング？　ピンとこない方も多いと思うが、**じつは介護職にこそマーケティングセンスは必要であり、身につけなければならない大事な要素**なのである。

マーケティングに関してはさまざまな概念があるので、マーケティングそのものについて詳しい説明はここでは控えたいと思うが、**お客様に価値を提供**する、**セグメント（分類）**し、自分たちにとっての**顧客が誰であるか**を知る、**ブランド化**を図る、**価値を創造**する、などほんの一部を取っても、どれも**介護職に必要なセンス**なのである。

どの職業にも市場（マーケット）があり、市場の動向を知って手を打たなければ競合企業には勝てない。いくら少子高齢化といって、これからは高齢者に対するサービスや商品が売れるといっても、企業だってそんなことは百も承知。市場が大きくなれば利益優先企業が増えてくる。

介護はあくまでも福祉であり、行政の管理の下に行なわれるべきとも思うが、日本の借金は１０００兆円を超えている。もしも、高齢者介護を民間に完全に預けることができれば、借金を抱えた多くの自治体にとってこれほど楽なことはないのだ。そうなると、経営のノウハウを持っていない社会福祉法人など生き残れるはずもない。大企業に大金をはたいてプロモーションされてしまったら、ひとたまりもないのである。

だからこそ、社会福祉法人も、福祉だからつぶれることはないなどと甘い考えでいてはいけない。市場を調査し、**お客様が求めるもの、時代が求めているものは何かを把握し、的確に事業展開しなければならない**のである。

そういう観点からいえば、介護職というより**福祉で働く人間すべてにとって、マーケティングセンスを磨く必要**がわかっていただけるであろう。

誤解のないように言っておくが、営利目的の企業が高齢者介護の業界に参入してくることを嫌っているのではない。むしろサービスとしてのエッセンスをどんどんとり入れ、ホスピタリティを競い、実際に介護を受ける高齢者の方が良い思いをしてくれるのであれば、歓迎すべきことである。

ただし、これが利益優先になってしまい、大事な「心」というエンジンを搭載させないまま介護をさせてしまうようであれば、ノーである。社会福祉法人であれ、企業であれ、どちらにしても、**高齢者の気持ちに寄り添う介護ができてこそ生き残るべき組織**なのだ。

それでは、介護職におけるマーケティングセンスに話を戻そう。

まずは、**自分たちの顧客が誰であるのかを知る**こと。

「当たり前じゃないか。そんなことも知らないで働いているのか？」と失笑されそうだが、顧客が誰であるか？　顧客をセグメントできているか？　顧客といっても個々のニーズが違っていることを理解しているか？などと突き詰めていくと、意外に「顧客が誰か？」を広義に理解している人は少ない。

例えば特養の場合ではどうか？　もちろん第一の顧客は、利用者（介護を要する高齢者）である。

利用者のニーズに応え、実践するのが私たちの使命である。だが特養利用者の重度化傾向にともない、話すことのできなくなった利用者も多い。すると、利用者の気持ちを代弁するご家族も顧客となる。

また、今は身寄りがない方や家族と縁遠くなってしまった方などが多く、成年後見人（判断能力が不十分な方の権利を守る援助者）を立てている方も多い。成年後見人は家庭裁判所が選任した方で、良い意味でご家族とはまた違った緊張感がある。もちろん、ご家族だと緊張感がなくなってしまうわけではないが、第三者的な立場の人に対する緊張感のようなものがあり、違うタイプの顧客といえる。

さらに、介護施設ではボランティアの存在も大きい（第14章参照）。

ボランティアというのは、奉仕で来てくださっているので、顧客という観点からは少しずれているが、ボランティアの方であっても、まったくお構いもせず放置されていたのでは居心地が悪いものだ。長く続けていただくためには、達成感があったり、学びがあったり、ある程度の心地よさが必要だ。ボランティアの方に対しても、ホスピタリティをもって受け入れるのが当然である。

他にも、入居の申し込みをしてくださっている方が相談に来たり、他事業所の方などが施設見学に来たり、専門学校や大学の関係者が来たり、とにかく施設というところはお客様の多い場なのである。

さまざまな立場の方がおいでになるが、例えば同じ職業であったとしても、知りたいこと、聞きたいこと、やりたいことなどみんな同じではない。

要するに、**「顧客」というよりも、「個客」**なのである。

利用者ももちろん同じだ。生まれた場所や育った環境、家族構成も違えば、仕事も違う。そんな人たちのニーズが同じであるはずがない。このことを理解してケアプランをつくり、実践をしていかなければ顧客（個客）満足など得られるはずもない。これが、「顧客が誰か？」という意味である。

誰にでも万人に受けるサービスをつくりあげれば楽な気もするが、そう簡単な話ではない。万人に受ける**当たり障りのないサービスは、特徴がなかったり、対象が広すぎてしまう**ため、逆にコンセプトが不明確になり、満足度の向上につながらないのである。

現代社会のサービスは、**徹底的にカスタマイズ（個別化）されたサービスこそ求められ**ており、高齢者介護の現場においても、80年、90年と生きてきた方がカテゴリー別にされるようなことはあってはならず、**時代的にも本来あるべき姿としても、「個客」と**

いう意識に変化していくべきなのだ。

しかし、「顧客」を「個客」として考えるということは、プロレスの技を知っていることと、実際にその技を試合で使えるかぐらいの違いがある。**個の意識を理解していくということは、それだけ自分のなかに無数の知識、価値、意識、経験などが求められる**からだ。

それらのことを学ぶことで、世の中にはさまざまな価値観があることを知るのである。そのような観点からも、さつき荘の介護職には、マーケティングセンスを磨く努力を日頃からするよう指導している。

とはいえ、大袈裟なことはしていない。通勤路で毎日同じところばかり見ているのではなく、毎日違う発見をすること。下ばかり見ていると気づかないが、見上げてみると毎日の通っていた目の前のビルの上の階にネイルサロンがあった。毎日同じコンビニの前を通ったり、買い物までしてるのに、ロゴマークを書いてみろと言われたら思い出せない。

いつも行きつけにしている飲み屋があれば、何を気に入って行きつけにしているのか理由を考える。暖かみのある色の照明が落ち着く。行くたびに新しいメニューが加わっていて飽きさせない。オーダーをとりに来る店員の子の笑顔がいい。そうやって、**自分の行動や考えを自己覚知し、良いと思うことは逆に自分がサービスとして提供**していく。これがより良いサービスを作る第一歩。

「真似」から入るのである。

「学ぶ」の語源は、「真似る」だったと聞く。真似る→まねぶ→学ぶと変化したと何かで聞いたことがある。組織も同じで、良い先輩がいれば、後輩はそれを真似、学び、成長していくのである。

だからこそ世間の評価を得ているものが、**何を理由に評価を得ているのか。それを分析して、自らの仕事に還元していく**、という姿勢が必要で、この作業もマーケティングの一環といえるであろう。

コア・コンピタンス=核となる能力

続いて必要なのが、**組織のブランド化**である。

ブランドの語源は、「牛の焼印」。生産者が他の牛と見分けるために焼印を押したというのが始まりで、差別化の意味がある。余談だが、昭和を代表するプロレスラーにディック・マードックというレスラーがいた。彼が使う必殺技、カーフ・ブランディングという名前で、私はブランドの語源を知った。

高齢者介護サービスもこれだけ多くのサービスや商品があふれてくると、他と何が違うのか？というブランド化が大事になる。ブランドの売りは**「ここの商品（サービス）なら、間違いない」という信頼**である。

ブランドへの信頼があるから、少々金額が高くても購入する。

また、自分で利用、使用するばかりでなく、大切な人へのプレゼントとしても、名の知れたブランドなら安心だし、何より相手にその価値が伝わり喜んでいただける。ブランドを手に入れたお客様が喜ばれるように、ブランド化により**お客様から信頼を得た組織も多大なメリットがある**のだ。

ここで手前みそながら、さつき荘がブランド化されるきっかけになった「実践報告会」（プロローグ参照）について、少しお話をさせていただきたい。平成18年（200

6年）度、さつき荘は創立30周年記念として、初めての実践報告会を開催した。毎年立てる事業計画を3本立てにし、一つひとつの計画を推進するグループをつくる。

介護、看護、栄養士、リハビリなど、職種は問わず、さつき荘職員全員のなかから構成し、3グループをつくって実践を展開していく。この一年間の実績を外部の方をお招きして発表する、という形式だ。

この実践報告会は私の長年の夢でもあった。現場で介護職をしていた頃から、ずっとやりたいことだった。平成18年は私が生活相談員（高齢者施設において配置が義務づけられ、利用者・家族の相談業務のみならず現場職員の指導・研修なども行うリーダー的な存在）になった年でもあり、その立場を得たことを機に計画をしたのであった。

しかし、この計画を介護職に発表した時の反応は、さんざんなものであった。

「ただでさえこんなに大変なのに、これ以上、何をやらせようって言うんだ！」

「やる意義を感じない」など、現場から猛反発を受けた。

私の経験値が足りなかった。

説得というより、想いばかりが先行して、うまく伝えることができなかった。

ただ、この頃から自分の考えを押し通す強引さだけはあった。

「終わった時、今は見えないものを必ず見せてやる！」

そう豪語したことだけは覚えている。

こうして、職員たちを牽引していくことになった。

そしてこの年の3月。会場は同じ法人内のデイルーム。お客様は利用者のご家族、ボランティア、実習生など。法人内の職員も合わせて70名程度のお客様が来てくださった。会場は満員。なんとかかたちになった。素直にうれしかった。

だが職員はみな緊張していた。もちろん私自身も。3本の発表が進んでいくが、なんといっても初めての経験。段取りが悪い。発表者だっていつもは介護の仕事をしている。プレゼンテーションなんて初めての経験。いわゆる噛みまくりの発表だった。

ただ会場の雰囲気は良かった。来場者の方たちは真剣な表情で発表に聞き入っていた。3本の発表が終わり、私が最後にお礼を言うため壇上に立った。そこで初めて気がついた。来場者の多くの方が涙を流されていた。みなさん感動してくれていたのだ。

つたない発表だったことは間違いない。ただ、そこには心があった。温かさがあった。

職員たちの利用者を想う気持ちがあった。お客様たちの涙を見て、私も感極まった。ただし、私は人前で絶対に泣かない。

これは尊敬する元看護主任から教わったこと。プロは仕事で絶対に涙を見せてはならない。私は冷静を装いながら感謝の気持ちを伝えた。無事に報告会を終えた職員の笑顔のなかには、達成感とやり遂げた自信が感じられた。こうして報告会の歴史はスタートしたのであった。

第2回、第3回と回を重ねる毎に会場を大きくした。第4回目を開催するにあたり、私は玉川区民会館という大ホールで開催することを提案した。400名以上収容できる大ホール。考えただけでも武者震いがした。

しかし、心配の声もあがっていた。法人として取り組むならまだしも、一施設があのような大きな会場を借りて動員できるはずがない。恥をかくことになる。不安や心配の声はありがたかった。それはさつき荘を思っての言葉である。私に勝算はなかったが、これをやり遂げなければいけない理由はあった。

私は、実践報告会を**株主総会のような位置づけ**だと考えている。

さつき荘のような介護保険下にある施設は、国民、都民、区民の税金と介護保険料で一部まかなっている。ということは、利用しているお客様や関係者に限らず、誰しもが利用する権利がある。そして誰しもが、自分たちが納めた税金や介護保険料がどのように使われているか、そのお金を使って運営している施設がどのような活動をしているのか、知る権利があるのだ。

これは言わば株主と同じである。私たちのような仕事は、その**株主に対して定期的に事業内容を報告する義務がある**、というのが私の持論だ。このような事業報告会を各事業所が行なえるようになれば良いと思っている。

もう一つ。報告会の規模を大きくした理由が、先に挙げた「ブランド化」である。これだけの規模の報告会を一事業所で行なっているケースは珍しい。集客力があることはステータスとなる。たくさんのお客様をお招きできる組織としてのパワー。それだけ多くの人をお招きするからには、それなりの発表内容でなければならない。

そして、あくまでも「実践報告会」。やってもいないことを発表できないので、職員は一年かけてその大きな会場で発表するにふさわしい実践を展開する。

誤解のないように話しておくが、発表会ありきの実践ではない。これは、**目先のサービスだけではない、感動を呼ぶサービス**となり、私たちがビジョンに掲げている**「すべての高齢者がここに住みたい！と思えるような新しいホームのかたち」の実現につながる**のである。

高齢になって介護が必要な状態になったとしても、自分の思ったように生きたい、時には感動したい、私たちはそんなサービスを提供したいと思っている。報告会の規模を大きくしたことは、結果的に**利用者へのサービスが向上し、感動を呼ぶサービスを生み出す職員の育成にもつながっている**。

さつき荘の報告会、つまり実践には職員の情熱や志がたくさん詰まっている。そんなこと言うまでもない。ただでさえ離職率の高い特養の介護という仕事。その理由の多くが、低賃金でありながら、ハードな仕事だからだ。その低賃金でハードな仕事をこなしながら、さらにこのような報告会を成功させるのだから、情熱や志がなければできるはずがない。

こうして、「情熱」や「志」がさつき荘のイメージになっていく。利用者、ご家族、ボランティア、実習生、地域のみなさまから、「さつき荘の職員は熱い！」とよく言われる。

これがいわゆる**コア・コンピタンス＝核となる能力**である。

「さつき荘といったら、情熱」というように、「○○といったら、○○」となっていけば、立派なブランド価値である。このように企業や組織の**名前を聞いて、すぐにイメージが湧くような状態になることをブランドの構築**という。

そして、ブランドの構築における**利点の一つが、リスクマネジメント**である。

発信することの重要性

私のような生活相談員という職種は、施設によっては苦情対策係のようになっているところもある。施設の窓口的な役割だからしかたないが、苦情対策というのは精神的な負担が大きく、また仕事の効率も悪くさせる。気を強く持たないと燃え尽きてしまう可能性だってある。おかげさまで私が生活相談員になって約8年間、本当に苦情というものがなかった。

実践報告会を聞きに来てくださる他事業所の相談員の方から、「ふだんの仕事以外に、なぜそのようなことができるのか?」と聞かれることが多い。私は、この苦情に追われない、という部分も大きかったのではないかと思っている。苦情の処理や事故後の処理などばかりしていたら、とてもあのような大きな会を仕切ることはできない。これが幸いだったのだと思う。

だからといって、さつき荘には転倒や職員がミスをしたなどの事故がまったくないのか、といえば決してそのようなことはない。転倒して骨折してしまった方も何人もいらしたし、職員のミスにより怪我などの痛い思いをさせてしまったこともある。

いつも申しわけない気持ちでいっぱいだが、利用者様ご本人も、ご家族の方も、「いいんです、いいんです。みなさんが日頃、どれだけ一生懸命にやってくださっているか、よ~くわかってますから」とお許しいただいてしまうのである。

もちろんこれに甘えてしまってはいけないのだが、正直、本当に救われている。

いやらしく聞こえてしまうかもしれないが、これが**「ブランド」が成せる信頼**であり、実践報告会という**イベントがもたらす効果**なのである。

介護を仕事にしていると、事故は常に隣り合わせだ。高齢者の方の筋力は弱くなっているし、認知症の方の行動は先が読めないことも多い。だからといって少ない人数で常に寄り添い、見守ることは不可能。予見能力を磨くリスクマネジメントも、システマチックな考え方という心の部分も、両方鍛えている。だが、それでも事故は起きてしまうのである。

みんなお年寄りを守るために必死に走り回っているのだ。同じ職場で働き、その仕事ぶりを見ていれば、決して手抜きなどしていない。その必死さが痛いほど伝わってくる。だが、ご家族などのお客様には、実際に職員がどのような考えで、どのように行動しているのかたいてい伝わっていない。特に何もないのにご家族に電話をかけて日常の様子を伝えるにも限度がある。

在宅で介護ができない事情があるから施設に入居しているのに、あまりにもマメな報告は、時に迷惑になってしまうこともある。それが結果的に、たまの電話が「事故報告」になってしまうのである。

「なんで、そんなことになったんですか？」

「最近、ふらつきが多かったんですか？　全然聞いてませんでした…」

連絡を受けたご家族の気持ちも理解できる。

特養は利用者にとって生活の場だが、そこで働く職員にとっての職場でもある。職員の過失による事故ならば次元の違う話になるが、ふだんしっかりと歩かれていた方が、突然転んでしまって骨折した、などという時に、発見者というだけでその職員が責め立てられ、自信を喪失し、離職してしまう、なんてことはあってはならない。

ふだんから職員がどれだけ必死に、高い志を持って仕事をしているか、それを発信することも大きな仕事なのだ。

こう言っても、「忙しくて、そんなことやってる暇がない」という人が多いかもしれない。たしかにその通りなのだ。だが、この発信力がないことにより、顧客に理解されず、誤解や苦情を招いたり、その対処に膨大な時間を割かれ、多大なストレスを感じながら仕事をしたら…。そう考えると、組織にとって有効な時間の使い方はどちらか？

実践報告会はさつき荘のイメージを向上させ、ブランド化をもたらしてくれた。今から8年前、最初に実践報告会の提案をした時の猛反発。あの時にみんなの反発に屈し、企画を取り下げていたら今のさつき荘はなかった。

リーダーには、どんな苦境や困難にも立ち向かう闘魂が必要なのだ。

大きな会場での発表を経験していくうちに、職員たちはさまざまな能力やセンスを身につけ、そして成長していった。

マーケティングで使われる用語のなかに、**「生活者インサイト」**という言葉がある。いろいろな解釈があるが、私の解釈では、「まず何よりも、優先すべきは顧客の意識」という捉え方をしている。**サービスを仕事にする者が優先しなければいけないのは、顧客の意識**なのだ。

自分たちがやりたいことや、流行に乗って行なうこと。顧客の意識を無視して、これらのことを優先してしまうとたいてい失敗する。**自分の会社の顧客が誰であるのか。セグメントしたターゲット層に対し、自社に求めていることを理解、把握し、実践する。これこそがサービスのあり方であり、生き残る企業**だと思っている。

介護職という職業がもつ能力

さつき荘の実践報告会が終わると、その日の夜からたくさんのメール、電話、ファックスが届く。その意見や感想を吟味していけば、関係者の方たちがさつき荘に何を求め、期待しているのかがわかる。それはコア・コンピタンスだと紹介した「情熱」や「志」といったヒューマンなものなのだ。

例えば、さつき荘がこの求められていることを無視し、データ重視や科学的根拠を持った介護、などを優先してしまったら…。関係者は落胆し、「さつき荘らしくない」「変わってしまったな」と離れていってしまう。

冒頭でも書いたように、サービスとは、お客様が求めるもの、時代が求めているものは何かを把握し、的確に事業展開しなければならないものである。あくまでも顧客があってサービスが成り立つ。その顧客のニーズよりも、自分たちのやりたいことや利益を優先してしまうと、このような（顧客が離れていく）結果が待っているのだ。

実践報告会を続けていくなかで、職員たちは、さつき荘は顧客や関係者の方たちに何を期待され、求められているのかを理解した。そして、日々の実践のなかにそれを反映させることの大切さを知った。この能力こそ、マーケティングセンスである。

介護を受ける高齢者の方は、身体の衰えや認知症の重度化により、言葉を発することができない方も多い。あるいは話すことができても、大変な時代を生き抜いてきたがまん強い方たちである。自分の意にそぐわない介護をされたとしても、それを言葉に出すことは少ない。

こういう方たちの**声なき声に耳を傾け、必要な時に必要な手を差し伸べることこそ介護であり、介護職に求められるセンス**なのである。

介護職がマーケティングセンスを磨く理由を、理解していただけただろうか？

もちろん、企業で専門的にマーケティングを行なう部署の方たちにはとうてい及ばない。だが、そもそも自ら望んで利用するサービスではない介護という分野において、自尊心の高い方、認知症で混乱している方、家族的な関わりを求める方…多様なニーズに、あらゆる思いつく手段を使いながら、満足プラス、安全、安心を保証する介護職という職業がもつ能力も、あなどれないものがある。

第10章　ニーズを創造する！

すべては信頼関係から始まる

ある日、入居者の方にこんな質問をしたことがある。

「Sさん、どこか行きたいところありませんか？」

Sさんはしばらく悩んでから、こう答えた。

「そうねぇ。川べりに行きたいわね」

“最幸”の介護エピソード・ファイルNo.9

Sさんは80代半ばのお婆ちゃん。しかし、認知症を患ってはいるものの、体はお元気な方である。行こうと思えば海外旅行も夢ではない。そのSさんが、行きたいところと聞かれて「川べり」と答えた。

この回答を導いた理由は、いくつか考えられる。

一つは認知症。認知症のためにキーワードが出てこないのだ。

認知症の方と接していると、人間がいかに脳からの指示で動いているかがわかる。

Sさんは、介護の世界でよく指標として用いられるADL（日常生活動作）は非常に高い。

速く歩くこともできれば、裁縫だってできる。体はいたって元気なのに、認知症のために思いもよらない簡単なことができなかったり、物や人の名前が出てこなかったりするのだ。だからSさんが「川べり」と答えたのは、その時、場所を聞かれて、そのキーワードしか出てこなかったからなのかもしれない。

もう一つの理由は年齢。

高齢の方はよく「この歳になって、何がやりたいってないね」という。

年齢を重ね、今までできたことができなくなった。人の世話になるようになった。自分の体力の衰えを感じ、遠くへ出かけること、旅行をするということなどを諦めてしまうのである。それで出てきた場所が、無理をせずに行ける「川べり」だったのかもしれない。

もう一つ考えられる理由に、遠慮。

今の時代の高齢者は、戦争を経験した方が多い。物のない時代に育った方たちは「もったいない」という意識が強い。まして「滅私奉公」の時代。自分を滅して、公に奉げると教育されてきた時代の方たちである。人に迷惑をかけてはいけないという考えが、しみついている。

だから「どこか行きたいところありませんか?」と聞かれて、「職員さんの手をわずらわせてしまっては申しわけない」という気持ちから、出てきた言葉が「川べり」だったのかもしれない。

もちろん本当の気持ちはご本人にしかわからない。だがこの方のニーズは、時間の経過…それは職員とともに生活する時間、共有する時間、想い出を重ねていく時間とともに変化していったのだ。

それから半年。

Sさんに同じ質問をする機会があった。

「Sさん、どこか行きたいところありませんか?」

Sさんは答えた。

「ワシントン。もう何年も前だけど、あそこは良かったわ。息子が○○に勤めてたからね。ワシントンに転勤になった時、私を招待してくれたのよ。楽しかったわよ~。

行けるなら、もう一度行きたいと思うわね」

Sさんは活き活きと昔のことを想い出しながら話してくれた。

そして、もう一問。

「Sさん、何かやりたいことない？」と質問した。

するとSさん、すかさずこう言った。

「あるわよ！　私ね、毎日○○商店街に自転車で買い物に行ってたの。そしたらある時、○○交番のおまわりさんに止められてこう言われたの。お婆ちゃん、それお婆ちゃんの自転車？　だったらもう今日で乗るのはやめなさい。危ないから、って偉そうに言われたのよ。あたし頭に来たわ！　私はね今でもそのことを根に持ってるのよ」

Sさんの、この時のギラギラした表情、ドスの利いた声、力強い言葉、すべて職員が初めて見聞きするものだった。

「それでSさん、どうしたいの？」

職員が尋ねるとSさんはすかさず返した。

「私はね、○○交番の前に自転車で行って、にらみつけてやりたいのよ！」

職員はうれしかった。Sさんの口から「○○をしたい！」という言葉が聞けたのだから。

Sさんはおそらく近いうちに、○○交番のおまわりさんにリベンジを果たす日が来るだろう。

Sさんのニーズ。最初は「川べり」と答えたのに、なぜ半年間でこのようなニーズに変化したのだろうか？　これは、ともに過ごした時間が築いた信頼関係があるからである。

すべては信頼関係から始まる。そこには、年齢による諦めも、人の手をわずらわせてはいけないという遠慮の気持ちも超えた関係があるのだと思う。

このようにまず**相手の真のニーズに迫るには、条件として「信頼関係の構築」がある**ことを忘れてはならない。一朝一夕に相手の真のニーズに迫る裏技など存在しないのだ。

それから次のステップに入る。

Sさんの場合、信頼関係を築くことによって、ご本人の口からニーズを聞き出すことができた。しかし前述したように、生きてきた時代背景、加齢にともなう諦めや認知症の影響などにより、ご本人から真のニーズを聞き出すことは容易ではないことが前提としてあるのも事実である。

そもそも介護する側がニーズとは何かを理解しているかが重要で、人が人生に望むこと、さらには人生が後半を迎えているなかでのニーズとは何か？を考えられるセンスが要求される。

介護業界で一般的に用いられる方法が、生活歴からニーズを導き出すというもの。コミュニケーションをとるなかで、**回想法という手法を用いて過去を振り返ってもらい、高齢者のなかに潜在しているニーズを導き出す**。

ところで、世間で幸せに暮らしている（幸せそうに見える）お婆ちゃんたちは、どのような生活を送っているのだろうか？

多くの幸せそうに見えるお婆ちゃん、お爺ちゃんは、庭いじりをしたり、買い物に出かけたり、孫におねだりされたりしている。孫は、お父さん、お母さんでは買ってくれないゲームやおもちゃをおねだりしたり、連れて行ってくれない映画や遊園地などに行きたいとお爺ちゃん、お婆ちゃんにおねだりしてくる。

それをわかっていながら自分にお願いしてくる孫を愛しく思い、「何で〜こんなに〜可愛いのかよ〜♪」と思うのが、世間一般的な幸せそうに見えるお爺ちゃん、お婆ちゃんの生活ではないだろうか。

だから、すべての高齢者に対して、回想法などを用いた潜在的ニーズを導き出すなんていう方法を求めてはいない。

ある時、さつき荘の職員が、

「○○さんと一緒に、『崖の上のポニョ』を観に行って来ていいですか?」と言って来た。

「なんでそうしたいんだ?」と聞いたら、

「私が○○さんと一緒に観たいから」という。

その理由を聞いて、私はOKを出した。

『名探偵コナン』も、『ライオンキング』も、会場には子どもの数に匹敵するぐらいお年寄りもいる。自分のニーズよりも、例えば孫たちのニーズに応えることで幸せにつながっている。それもお爺ちゃん、お婆ちゃんの一つの幸せな人生であることを、忘れてはならない。

ビッグ・アイデアは「思想」から生まれる

もう一ついえること。それは高齢になったからといって、夢ややりたいことを失ったわけではないということである。

若い人たちの勝手な思い込みにより「もう、この歳で…」などと決めつけられてしまうことほど、迷惑なことはない。前述したように、加齢にともなって諦めや遠慮というものがあり、夢ややりたいことを口に出さなく（出せなく）なっただけ。本当は**まだやり残した夢がある方もたくさんいる。**

ピエロに扮し患者に愛とユーモアを交えながら治療する実在の医師を描いた『パッチ・アダムス』という映画のなかで、「パスタのプールで泳ぎたい」というお婆ちゃんの夢を叶えるシーンがあったが、こういう口に出しにくい夢は案外、人の心のなかにあるものなのだ。**口に出しにくいからこそ、介護職がサプライズする。**

第4章でのコンサートに行ったMさんの件（ファイル№5）しかり。本当は行きたいが、恥ずかしい、申しわけない、という気持ちから口に出せない。

それを、「○○さん、行きましょう！」と声をかけられたら、どんなにうれしいか。

それが最後にMさんの言ってくれた言葉、

「まさか私の人生に、まだこんなことが待っているとは、思ってもみませんでした！」

という感動につながるのである。

人はいつも心のどこかで感動を求めている。

だから高いお金を払ってでも、舞台を観に行ったり、旅行に出かけたりするのだ。

人は、ただ長く生きるだけでは喜びは感じない。同じ毎日の繰り返し。昨日が今日でも、今日が明日でも、変わらない。そんな毎日を生きて何が楽しいものか。

今日と違う明日があるからこそ、人は生きている実感を持てるのである。このことを介護職が理解していれば、自分たちのやるべきことが、毎日食事介助をして、おむつを替えて、お風呂に入れるだけではないとわかるはずだ。

利用者に「まさか私の人生に…」「長生きした甲斐があった」と思ってもらえるよう

な**ニーズ自体を創造すること。**

これが介護職の役目なのである。

さつき荘の職員たちは、このことを理解している。それが結果としてかたちになってみると、じつに面白い企画が実現する。

東京湾クルージングで豪華客船でのランチを楽しんだ。

リッツカールトンホテルで極上のおもてなしを堪能した。

プロレスをリングサイドで観た。

胃ろうのお爺ちゃんが、パン食い競争に参加してパンを食べた。

どれを思い出しても、感動的な取り組みだった。お年寄りの最高の笑顔があった。

これらはお年寄りから出たニーズではなく、すべて「こんなことしたら喜んでくれるかな？」という**職員の優しさとお節介から生まれた企画であり、感動**である。

では、このようなビッグ・アイディアはどのようにして生まれるのか？

「ビッグ・アイディア」という言葉は企業などでも使われ、一般的な訳し方である「大きな思いつき」という意味以外に広義に使われている。

そのなかでも、私が好んで使うのは、「思想」という意味。

もともとアイディアという言葉には、「発想」「着想」など以外に「理念」や「思想」という意味がある。私は、介護職がお年寄りに喜んでほしいがために考えてくる提案を、**単なる「アイディア」であるか「ビッグ・アイディア」であるか、そこに「思想」があるかないか**で分けている。

利用者が、自分の人生に求めているものは何か？　時代が私たちに求めているものは何か？　私たちがやりたいことは何か？　その思想があってこそ、感動を生むアイディアが生まれる。「よくそんなことを思いつきますね？」と言われることがあるが、いつも大きなことばかり考えているのではない。また介護職にもそういう教育はしていない。

むしろ、私が介護職に教育しているのは、マーケティングの章（第９章）で書いたように、毎日の同じ通勤路でも視点を変えるといったことで、**道ばたに咲く小さな花の美しさに気づけて初めて大きなことができる**、ということである。

最近の若者は携帯（電話）依存症といわれている。歩きながらでも携帯をかじりつくように見ている若者が多い。これでは道ばたの花の美しさには気づけない。また最近の若者（だけではないかもしれないが）は、新幹線で旅行に出かけても、車内で携帯を見ていたり、ヘッドフォンで音楽を聴いたりしているそうだ。

ものの思いにふけったり、景色を眺めながら一人で考えたりすることを拒否しているようにも見える。昔の若者は本気で国の将来を考えていた。自分たち一人ひとりがこの国の未来をつくると真剣に考えていた。毎日を必死に生きていたのだ。

そんな時代を生きてきた人たちが、今、高齢者になった。あなたたちの介護を受けるようになった。今の高齢者が今の若者に望むことは何か…。

かつて長州力は「人生なんてまばたきしてる間に終わるぞ」と言った。

私もまだ43年しか生きていないが、この言葉のニュアンスはなんとなくわかる。気がつけば43年経っていた。本当に人生なんてあっという間なのだ。悔いのないように生きろ！というメッセージなのだと思う。私が今まで関わったお年寄りのなかにも、同じような言葉をかけてくださる人がいた…。

私が介護職としてさつき荘に入職した頃、Tさんという女性の入居者がいた。一見、とても元気に見える彼女だが癌を患っていた。

それでも症状として出ていなかったので、よく私たち介護職の仕事を手伝ってくれていたその彼女がよく口にしていたのは、

「長生きなんて、するもんじゃない」

「こうやって人の世話になって、迷惑かけて。長生きしたってロクなことはない」

それが、彼女の口癖である。

当時29歳だった私は「へ〜。そんなもんかねぇ」と、まったく気のきいた返答もできない職員だった。だが、どこか包容力のあるTさんが私は大好きだった。

ある日、彼女は体調を崩し入院することになった。詳しいことは何も知らないまま、私はよく彼女を見舞いに行った。

するると、彼女は

「また仕事もしないで遊びに来たな」と笑った。

なぜ私が彼女を見舞いに行くかというと、彼女は病院の食事を「まずい」と言って食べなかったからだ。何の病気なのかも知らなかった私だが、とにかく食べないっていうのはマズイだろう、そんな理由でよくアイスクリームやシュークリームを買って届けていた。

食事を残すと看護師さんに怒られるので、Tさんの食事は、私がこっそり食べていた。その代わりTさんは私の買ってきたアイスなどを食べる。下膳に来る看護師さんには「全量摂取です！」なんて平然と報告していたのだから、素人とは恐ろしい。そんなことをしながら病室で二人で大笑いしていた。

そんなTさんだったが、入院してから行なった検査結果が出た。

結果は癌の再発、転移。

当時、一介護職だった私は直接検査結果を聞くことはできなかったが、余命宣告されたということであった。知識も経験もない私には、当然、何もすることができない。

ただ当時の看護主任に

「どうせ死んでしまうなら、さつき荘に帰って来てもらいませんか？」と言うことしかできなかった。

願いが届いたのかどうか当時のことはわからないが、Tさんはさつき荘へ帰って来ることになった。

Tさんの体は大きくなっていた。特に腕の太さは半端じゃなかった。太ったのではない。癌が転移しているのである。Tさんの痛がり、苦しむ姿はとても見ていられないほどだった。Tさんの部屋の前を通る時、Tさんの顔を見ると地獄の苦しみに耐えているような表情をしていた。何もしてやれない自分がもどかしかった。

しかし、そんなTさんの部屋に入って
「大丈夫かい？」と声をかけると、

「また来たな。そんなこと言ってさぼりに来たんでしょ？　大丈夫だから、早く戻って仕事しなさい」と彼女は笑って言うのだった。それも、毎回。

私が部屋を出るまで笑って見送ってくれた。だが、いったん部屋を出てすぐに部屋をのぞくと、またTさんは地獄の苦しみに耐えている表情に戻っていた。

私はいらだっていた。何もできない自分の無力さに無性に腹が立っていた。Tさんとの残された時間は少ない。それは病気に関しては素人の私にもわかっていた。

夜勤の日、夜中にTさんの部屋に行くと、Tさんが穏やかな表情で天井を見ている時があった。

私は声をかけた。

「なぁ、Tさん。前にさぁ、よく、長生きなんてするもんじゃない、長生きしたってロクなことはない、って言ってたろ。俺さぁ、いつか偉くなって、もっと長生きする甲斐のある世の中にするからさ…」

その後、私は何か気のきいたことを言おうとしていたのだと思う。

だが、Tさんに先を越された。

「今はもうそんなこと思ってないよ。あんたに会えて良かった…」

それから数日後。Tさんは旅立っていった。

Tさんの遺品の整理を私の先輩介護職がしていた。彼はTさんの遺品のなかから一枚の写真を取り出した。それは私の写真だった。

「Tさんは僕が仕事の悩みを相談すると、いつか山口さんがここを変えてくれるから待ってなさい。それまで辛抱しなさい、と言ってました。Tさんは山口さんのことをとっても信頼してました」と、言ってくれた。

私はTさんとの約束を思い出した。

「いつか偉くなってもっと長生きする甲斐のある世の中にする」

私はどえらい約束をしてしまった。

しかし男が交わした約束だ。守らなければ、男じゃない。

私はよく、人が高齢になった時、若い人に望むことはなんだろう?と考える。

私たちが歳をとっても、こうありたいと思うように、高齢者も若い人にはこうあってほしい、という思いがあるのではないか。

それはイコール、介護職に望むことなのではないか。そんなふうに思うのである。

第11章 リーダーシップとは、人を輝かせられること

国語、歴史、美術、そして体育

この本を手にしている方のなかには、現在、介護現場でリーダー職を担っている方もいるかもしれない。その人たちのなかには「どうやって、そのように介護職を引っ張っていけばいいのか?」と悩んでいる方も多いことと思う。

介護という職業に限らず、人を牽引していくリーダーというのは、負担の大きい仕事である。リーダーシップとひと言でいっても、そこにはさまざまな考えや価値観があり、書店に行くと、リーダーシップに関するコーナーには何百という本が並んでいる。

なかにはリーダーという立場から、自己啓発のコーナーで本を探す人もいるだろうし、人材育成やマネジメントを学ぶ人もいるだろう。つまり、リーダーにはさまざまな知識が必要なのである。

私が考えるリーダー像にも、いくつもの知識と、知識だけではない経験やコミュニケーション能力、プレゼンテーション、マネジメントなど無数の能力が必要と思っている。ただこのような優れた能力をすべて兼ね備えた者にしかリーダーがつとまらないのだとしたら、この世の中に多くのリーダーは存在しない。みんないくつかの方法を持っていて、ポイントを押さえているのである。ここでは、そのいくつかの方法とポイントをお話ししていこうと思う。8章と併せてお読みいただければと思う。

私はよく、人材育成をプロレスに例える。一流のレスラーというのは自分を強く見せるだけでなく、対戦相手まで輝かせることができる。

一流のリーダーも一緒。**一流のリーダーは、自分のことだけでなく、部下、後輩も輝かせることができる。そのような場を用意できる人、のことをいう**のだと思う。

介護業界の慢性的な人手不足は有名であり、その理由には、低賃金、重労働などが挙げられる。そのような恵まれない条件のなかで、採用の段階から素晴らしい人材を確保するのは容易ではない。

ピーター・ドラッカーのいう「ナレッジ・ワーカー」（高度に専門化された知識を持ち、肉体労働ではなく知識や情報によって企業や社会に貢献する労働者）のようなタイプが選択する就職先ではないのだ（今は）。

だからこそ人を育てる仕組みが必要であり、人を育てられるリーダーこそが求められているのである。それでは、素晴らしい力を持った生え抜きのレスラー…ではなく介護職を育てるには、どのようなリーダーになれば良いのだろうか？

よく、退職した社員がその会社を退職した理由に挙げるのが、社長（もしくはリーダー）にビジョンがない、という不満である。リーダー、上司に、自分のモチベーションをすべて依存する姿勢はどうかと思うが、たしかに古今東西、**優れたリーダーに共通していることはビジョンを持っていること**である。そして、その**ビジョンを言葉にする力を持っている**。

たしかに、言葉は人を動かす不思議な力を持っている。

かつてアントニオ猪木が一番苦しい時代に書きあげた『苦しみの中から立ちあがれ』という本は、当時、いじめられっ子だった私を奮い立たせた。

長州力をスターダムにのし上げた「俺は、お前の噛ませ犬じゃない！」という言葉は、年功序列の体制に不満を持ちながら働くサラリーマンたちに大きな勇気を与えた。また、同じ長州の「俺たちの時代」発言も同様に若者たちの魂を揺さぶった。このように人は、魂を揺さぶられるような言葉にモチベーションを持つことができるのである。

だから私は、「将来リーダーになる人を育てるには、何の勉強が必要か？」と聞かれると、国語、歴史、美術、そして体育と答える。

国語は、言葉とその使い方を学べる。

歴史に関してはどうか？　人間の偉業に、今まで誰もやったことがないというようなことはほとんどない。どんな斬新に感じるアイディアも歴史上で誰かが似たようなことをやっていて、それを繰り返していたり、時代に合わせて変化させているだけのことである。だから**歴史上の人物、その時代のリーダーから学ぶ意義は大きい**。

美術が必要なのは、「描く」という意味である。ビジョンにしてもマネジメントにしても、すべては**「描く」というセンスが必要**で、白いキャンバスに絵を描くようにイメージ、想像する力が養われる。

最後の体育は、もちろん体力面。どんなに頭が賢くて、優れたアイディアを持っていても、それを実現するには根気がいる。何事も、思って、やって、すぐにできるなどという甘いものは、この世にない。

何かを成功させるには根気が必要であり、その根気が続くよう努力するには体力が必

要である。また体育には、競技という面からチームワークも学ぶことができるし、キャプテンなどを経験した人であれば、人材育成やマネジメントも学んでいる。リーダーに最も必要なスキルといえるであろう。

話がそれてしまったが、リーダーは言葉を上手く使うことで人を動かす、ということである。まずはビジョンをつくってみよう。**リーダーの考えを言葉というかたちで明確にすること**。これにより、まずリーダーが何をめざしているのかが伝わる。

そして、そのビジョンを語ることである。

よく「私は、人前で話をするのが苦手で…」というリーダーがいるが、人前で話すことが得意などというリーダーは、ほとんど存在しない。

必要に迫られて身につけるスキルなのだ、ということを肝に銘じてほしい。

私自身も人前で話すことが何より苦手だった。人前に出ると、緊張して足がすくんだ。頭のなかが真っ白になって、何も言葉が浮かんでこない。そんな経験を何度もするうちに自分に何が足りないのか、どうすれば自信を持って話ができるのか必死に考え、習得していったものである。

それだけ**リーダーは、夢やビジョンを語れないとつとまらない**。

今、「私は苦手」と思っているリーダーにはぜひ諦めずに努力してもらいたい。みんな最初はそうだったのである。

言葉の持つ魅力と使い方

また言葉には、使い方、方法というものもある。

例えば**ポイントを3つに絞る「マジック・トライアド」という方法。単純な話でも、さも論理的に話しているように印象づけることができる。**

話の冒頭に、「ポイントは3つあります」などと、自信に満ちた顔で言われると、聞く側は、最後の3つ目まで興味が続き集中力が切れない。また何やら論理的に感じさせるので、ビジネススクールなどでも、プレゼンテーションの基本として教えている。最近ではアベノミクスの3本の矢などもこの方法を用いている。

私がさつき荘の生活相談員に就任した時、まず最初に行なったのがビジョンを打ち出すことであった。そのビジョンとは、**「すべての高齢者がここに住みたい！と思えるよ**

うな新しいホームのかたちを創ります」。

一般的に考える理想の老後とは、家族と同居し、願わくば可愛い孫たちに囲まれ、楽しく過ごすことであろう。

老人ホームに入るということは、決して望んだ老後ではないはずだ。しかも、さつき荘のように建物が古く、個室はない、隣には会ったこともない赤の他人が寝ている、プライバシーも保証されない。こんなところに住むことを誰が望むものか。それが普通の考えだと思う。

しかし、私はあえてこの真逆の発想をした。このようなホームに、自ら望んで「住みたい！」と言わしめるには、ハードよりハート、いかにソフトが充実しているかということ。つまり、そこで**働く職員が魅力にあふれているか**、ということである。

私はこういう職員を育成することを宣言したのだ。そして、そのビジョンを実現するために3つの行動指針を立てた。ここにもマジック・トライアドを用いたのである。

このビジョンは中長期計画を作成し、長期計画のリミットは平成27年度になっている。果たしてそれまでに達成されるのか。今、私自身の楽しみでもある。

このように**言葉には、言葉そのものの持つ魅力とその使い方がある**。

言葉は、指導するうえでも欠かせないもので、人を指導する際に必要な、褒める、叱る、などの際も上手に用いなければならない。

山本五十六連合艦隊司令長官の有名な言葉に、「やってみせて、言ってきかせて、させてみせ、褒めてやらねば、人は動かじ」というのがあるが、褒めてやる、叱る、という際に使うのが言葉である。ただし、言葉というのは不思議なもので、同じ言葉を使っても、使う人間によってまったく相手のとり方が違うということもある。

よく、叱ることは良いが、怒ることは感情的になることだから良くない、などと言う。これは、私の経験から言うとノーだ。特に今の若い人というのは、感情的になって怒ってくれるほど他人から真剣に向き合われた経験がないという人が多い。私もさつき荘が今のような状態になるまでには、ずいぶんと感情的になって介護職を怒ったものである。

しかしある時期から、自分も歳をとったせいか、怒る必要がなくなったせいか、あまり介護職を怒るということがなくなった。丸くなったというべきか。介護職の先輩、後輩がこんな話をしていたことがある。

「お前たちはいいよ。山口さんに怒鳴られたことないだろう。昔は半端なく怖かったんだから。俺なんて、何度呼び出されて怒鳴られたか。今は丸くなって仏様のようだよ」と、先輩職員が話していた。

それを聞いていた後輩職員が、

「へ～、いいな～。自分もその時代にいたかったです」と、うらやましそうに言っている。

Mッ気が強いのか?と思う話だが、昔の辛い話をしている先輩職員も自慢げに話していた。

この職員たちにとって、上司から怒鳴られた、つまり**感情的になって怒るほど向き合ってもらえていた、ということがステータス**なのであろう。それが自慢なのである。


リーダーの仕事とは?

よく人を叱るのが苦手なリーダーがいる。人間には、根底に「人に嫌われたくない」という意識があるものだ。人を叱ったり、注意したりすると嫌われるのではないか?という気持ちが働くのだろう。

だが、人を育てていく過程には、やはり時と場合によって、どうしても叱らなければいけないこともある。叱る、怒ると嫌われる？　決してそんなことはない。むしろそこまで真剣に向き合ってもらった経験のない若者にとって忘れられない思い出となり、前述のように時には後輩への自慢話にすらなるのである。

リーダーは叱ることを恐れてはいけない。部下、後輩と真剣に向き合うこと。叱られてうれしいと思われるようなリーダーをめざそう。

また、怒る、叱るばかりではもちろんいけない。尊敬されるようになることはもちろんだが、一緒に働いていて楽しいと思われるリーダーであることが大事だ。リーダーには権限がある。一般職員たちでは判断できないことを判断して良い特権がある。一般職員にとってそのような観点からも、**リーダーと一緒に働くということは、本来いろいろな可能性があって楽しいこと**なのだ。

私の指導のスタンスは、「おもしろいことは、ドンドンやれ！」というものである。

他人がそのアイディアを聞いた時に、「おもしろい！」と思うようなこと。「理由や意義、根拠を示させないのですか？」と質問されたこともある。私はそれを示してやるのはリーダーの仕事だと思っている。

最初から意義や根拠などの説明を求めたら、一般職員はアイディアなど持って来なくなってしまう。まずは自由な発想を持たせること。創造力を養うことが重要なのだ。

“最幸”の介護エピソード・ファイルNo.11

新卒採用された女性職員S。さつき荘に就職して、2年目に実践報告会の発表者を命じられた（命じたのは私だが）。この年のテーマは「今だからできること」。

このS職員は、このテーマに沿った実践は何かについて悩んでいた。悩むのは当然だ。なにせ大学を卒業してきてまだやっと一年経ったばかり。その職員に300名を超えるお客様の前で発表しろ、そしてそれにともなった実践をしろ、と言ってるのだから。悩んでいる彼女に私が送ったアドバイスは「好きなことやっていいよ」。なんて無責任な上司と思われるかもしれないが、これが私のスタンスなのだ。

彼女は、笑いながら提案した。

「ご家族と一緒にさつき荘のお風呂へ入っていただくのは、どうですかね？」

「おお、いいじゃないか。やりなさい」

その時は、こんなやりとりだけ。

そして、実際にご家族に対して案内をつくり、３名の娘様にそれぞれお母様の入浴介助をしていただいた。もちろん事故のないように、職員も一緒に入ったが、湯船につかった時点で安全を確認し、職員はそっと席を外した。

お風呂場で二人だけで過ごす時間。娘様は何を思ったのだろうか？

特養に入居してから、数年が経過している方たちだった。90歳を超えた人の体は、だんだんと細くなっていく。なかには鎖骨や肋骨が浮き出ている人もいた。久しぶりに見る、痩せ細ったお母様の体。どんな気持ちだったのか、職員は入浴を終えた娘様に恐る恐る聞いた。

「数年ぶりに見る母の裸。正直、痩せたな〜と思って、現実を感じました。でも、さつき荘に入居してから職員さんたちに本当に良くしてもらって、幸せに思っていました。ただその一方で、私が母にしてあげられることはもう何もないのか？と自問自答していたんです。プロの職員さんたちにここまで良くしてもらって、そんな差し出がましいことを言うのは失礼だと思っていました。でも、今回このお誘いをいただいて、そんな手があったのか！と本当にうれしかったです。何年ぶりかで母の背中を流してあげられて本当に良かったです。今日のことがなかったら悔いが残っていたかもしれません」

と、涙ながらに話してくださった。

2年目のS職員は、この一つの取り組みからたくさんのこと、大きなことを学んだ。そして、この実践を報告会の場で発表し、多くの方に感動を与えた。彼女が提案してきた時、もしも私が「計画書を出しなさい」「意義、根拠を示しなさい」と求めていたら、彼女は余計なことを考えすぎて、もしかしたら提案を取り下げていたかもしれない。

意義や根拠など、後でリーダーが示してやればいいのだ。

この経験をきっかけに彼女は急激に成長した。今は新人を指導する立場にまでなっている。私はこれがリーダーのやるべきことだと思う。

第12章

人には〝終《つい》のすみか〟を選ぶ権利がある

職種を超えたつながりの強さ

特養の入居を申し込み、待機（入居待ち）していらっしゃる方たちの多くは、病院に長期入院中、あるいは老人保健施設（老健）を転々としているなどという方である。90歳を過ぎたご高齢の方だったり、要介護5で食事を口から食べることができなくなった方や、長年、寝たきり状態にあって筋力が衰えたり、関節が固まったり、床ずれができていたりという方が多い。偽らざる言葉でいえば、残された時間は短いのである。

特養の入居待機者は、このように「重度」と呼ばれる方が多くなっている。私も生活相談員だった頃、待機者の方の面接で病院へ行き、直接お会いした際に正直言葉を失ってしまったこともある。

〝最幸〟の介護エピソード・ファイルNo.12

ある病院に入院中で、寝たきりといわれる要介護5の男性Oさん。

何年も前から食事を口からとることはできず、胃にチューブを通す胃ろうで栄養を胃に送っている。背丈はわりとある方だったが、体重は30kg台。本当に失礼だが、骨に皮がついているだけのような痩せた状態であった。

自ら意思表示をされることはなかったが、こちらからかける言葉は理解されている。問いかけには「ああ」と力なく答えてくれた。正直、お会いした時の印象は、「この方は、あとどのくらい生きられるのだろう？」だった。いくらなんでもこの方の受け入れはちょっと難しい…。それが偽らざる気持ちだった。

だが、面接に立ち会ってくださった行政の職員は、私にこう言った。

「Oさんは身寄りがありません。病気で入院し徐々に寝たきりの状態になりました。このまま病院で死んでいくのはあまりにも淋しい。最後に特養という生活の場に戻って、さつき荘の職員さんたちに囲まれた生活をさせてあげたいのです」

私は参ってしまった。この男性Oさんは、胃ろうで栄養はとっているものの、頻繁に痰がからみ、痰の吸引を必要とする。それが昼夜問わずあるので、夜間は介護職だけになる特養では危険を感じた。

もしも、痰が喉に詰まって窒息してしまったら…そう考えると正直怖かった。お尻には褥瘡《じょくそう》（床ずれ）もあった。しかもかなり深いポケット（傷口）になっていた。高熱も頻繁に出すという。この条件では、病院のほうが長く生きられるのは間違いない。

このOさんをわざわざ特養で受け入れる理由は何だ？　悩みながらも私はOさんに特養、さつき荘の説明をした。ときおり「ああ」と言いながら説明を聞くOさん。

説明を終えると、行政の方がOさんに尋ねた。

「Oさん、ここに居るのとさつき荘へ行くのとどちらがいいですか？」

しばらく間をおき、

「病院に居るほうがいい？」

と尋ねると、Oさんは沈黙した。

「さつき荘へ行く方がいい？」

という問いにOさんは、

「ああ」

と、今までのなかで一番力強い声を発した。

さつき荘の説明をする際、もちろん看護師が夜間は不在であること、医師は常駐していないことをきちんと伝えた。というより、どちらかというとそういったネガティブな内容のことを強く伝えていたような気がする。私はビビっていたのだ。

それでもOさんはさつき荘を選択した。わからずに何となく答えたのではないことは伝わってきた。Oさんから、力強い意思を感じた。

Oさんの入居については施設に持ち帰って相談し、後日お返事することを伝えた。私の頭のなかは、どうやって介護職、看護師を説得するか、そのことばかり考えていた。しかし、入居してから「話が違う」となってしまったらOさんにも失礼だと思い、会議で私は自分が感じたままの印象を話した。

ところが看護主任はあっさりと、

「いいじゃない。本人が入りたいって言うんだから」と、受け入れにOKした。

介護主任は、

「僕は山口さんからの指示に反対することはありません。基本的に、指示されたことにはご期待に添えるよう頑張ります」

と、受託した。

管理栄養士は、

「食べられる可能性はないんですかね？　お会いできるのが楽しみです」

と言った。

私は生活相談員としての喜びを感じた。これなのだ。こうだから、私はさつき荘の相談員としてつとまっていた。

本書では介護職にスポットを当てて書いているが、さつき荘が恵まれていたのは介護職がいるからだけではない。心から尊敬できる素晴らしい看護主任がいた。職務をはるかに超えた仕事を、嫌な顔ひとつせずに一緒に頑張ってくれる管理栄養士がいた。だからさつき荘は、さつき荘になったのだ。

私が、さつき荘に入職したばかりの頃も、私のたった一人の理解者は管理栄養士の方だった。力もないのに正義感だけは人一倍強い私を、あたたかく見守ってくれて応援してくれた。彼女がいなければ今のさつき荘も今の私もなかった。感謝してもしたりない人である。

よくこの業界では多職種連携などと言うが、さつき荘の介護職、看護師、栄養士、リハビリ（作業療法士・理学療法士）、相談員、各職種間のつながりは、多職種連携などという言葉では表現としてものたりない。時には激しく衝突し、時には支え合い、激論を交わし、しばらく口もきかなくなるほど感情的になることもあった。

映画版『あしたのジョー』の主題歌で「美しき狼たち」という曲がある。「時にきびしく見つめあい、時にやさしくいたわって。同じ男の夢を追い、北風に立ち向かう」という歌詞があるが、当時のさつき荘の職種を超えたつながりは、そんな歌がぴったりと思えるような力強さがあったのだ。

話を元に戻そう。

Oさんの入居が決まった。

初めて会うOさんに、みんな少なからず驚いたことだろう。Oさんへの介護が始まった。最初の頃は本当にいろいろあった。痰がからみ、吸引が頻繁で、経験の浅い介護職は夜中に看護主任に電話をかけることも多かった。

次の日も早番で出勤する看護主任は、それでも嫌な顔ひとつせず

「あんたたちが安心するなら、別にいつ電話かけてくれてもいいよ。あっはっは！」

と豪快に笑ってくれた。

私もこの業界で働く期間が長くなったが、後にも先にもこの看護主任を超える看護師にはお会いしたことがない。知識、技術もさることながら、素晴らしい人格者だった。

それでも、日を追うごとに職員たちは、Oさんにどのように介助すればいいかわかってきた。慌てることも少なくなった。Oさんの身体介護ばかりでなく「Oさんが、何をしたいか知りたい」「Oさんを笑わせたい」と心に寄り添おうとする姿勢が見えはじめた。

Oさんにも、その気持ちは伝わっていた。Oさんは、だんだんと「ああ」以外の言葉を発するようになった。唯一、少しだけ動く右手を使って、握り締めたナースコールを顎に当てて押す。職員が駆けつけると「吸引」「体交」などと、やってほしいことを言ってくれるようになった。

だが、それが徐々にエスカレート。ハチャメチャな要求をしてくるようになった。あまりの身勝手な内容に、職員が「もう！」と怒ると、それを見てニタ～と笑うようになった。

そんなある日、こんなことがあった。Oさんは「体を鍛えたい」と言い出した。面倒くさい要求が多いのだ。しかたないので、Oさんのベッドの足側にゴムのチューブを巻きつけ、Oさんの右手に持ってもらった。

最初は引っ張るのが難しかったが、職員が映画『ロッキー』のテーマ曲CDをかけると、Oさんは目の輝きが変わり

「ああッ！」と声を出しながら、チューブを引っ張った。

「凄いッ！」

職員たちは感動した。

そして、大音量でかかったロッキーのテーマに誘われ職員たちが続々とやって来る。みんなが興奮し、応援するのを見て、さらにOさんは張り切って何度もチューブを引っ張った。この時のOさんの活き活きとした表情と、体から発せられるパワーは本当に凄かった。

「ああッ！」の声も、いつものOさんのか弱い声ではない。

主役のスタローンが、サンドバッグを叩く時のような、重低音の迫力ある声だった。Oさんはその後もうれしそうに笑っていた。勝手な思い込みかもしれないが、Oさんは何年ぶりかに「俺は生きている！」と実感してくれたような気がした。

それから数カ月。Oさんは残りの命の炎を燃やすかのように頑張って生きてくれた。Oさんの最期の日。身寄りのないOさんだったが、人知れず旅立たれるようなことはなかった。そこにはさつき荘の大勢の職員がいた。介護職は泣いていた。看護主任の目にも光るものが見えた。

私はこの時、さつき荘に入居してもらったことを本当に良かったと思うことができた。Oさんは自分の一生を終えるにふさわしい場所を自分で選択したのだ。


Oさんと一緒に過ごした時間は一年ほどの短い時間だったが、本当に長い間、ともに生活することもある。さつき荘で一番長く生活してくださった方は、旅立たれた時が106歳。約30年もの間、さつき荘で生活された。長くともに過ごすと、職員は入居者と職員という関係を超えた感情を持ってしまうこともしかたのないことだと思う。お別れは本当に辛い。これればかりは何度経験しても慣れるということがない。

なかでも、私が自分の仕事の難しさと介護職の凄さを感じたYさんのエピソードは、特に忘れられない。

“最幸”の介護エピソード・ファイルNo.13

Yさんは、入居した時がまだ60代の女性。

よく「間違って老人ホームに来ちゃったの？」と冗談を言って笑うぐらい、見た目も感覚も若い方だった。部屋中に韓国スターのポスターを貼りまくっていて、なかにはマッチョな男性スターのヌードポスターまで貼られていた。韓流ブームに乗っていたのだ。

若いばかりが理由でないと思うが、食べ物の好き嫌いも激しく、とにかく偏食。ご飯よりもお菓子が好き。マクドナルドのポテトは特に大好物だった。お寿司もイカだけが好き。桶の中にイカしか入っていない白い奇妙な寿司は私も生まれて初めて見た。

ちょっと変わり者のYさんだったが、担当の女性職員Sとはとてもウマが合うようで、本当の親子のように仲良くさせてもらっていた。若い頃に難病を患い、寝たきりのYさんを、無理やり（？）あっちだ、こっちだ、と連れて行っていた。Yさんもまんざらでもない様子で、ツーショット写真はまるで本当の親子のようだった。

ポテトもイカもよく一緒に食べていた。Yさんは、独身でお年頃のSの結婚までいつも心配していた。相思相愛。傍から見ていて、ちょっとやけるぐらいに仲の良い二人。その微笑ましい二人の姿を見て、私は一抹の不安を感じていた。

「いつか必ずお別れの時が来る。Sはその時、耐えられるだろうか…」

Yさんは進行性の難病であった。

筋力は弱り、徐々に口から食事をとることが困難になってきていた。脱水と低栄養。痩せていくYさんを、主治医の指示で入院させることになった。

だが、病院に入院してもYさんの症状が改善されることはなかった。というより、さらに事態は悪くなっていた。病院では食事をまったくとらなくなってしまったのである。点滴で生きている状態になっていた。その間、代わる代わる職員たちもお見舞いに行き、食事を食べるよう促した。おつき合い程度、ひと口ふた口は食べてくれるYさんだったが、それ以上は食べようとしなかった。

Yさんは、一生を終える覚悟をしてしまっているように見えた。

入院中の検査で、全身の状態、特に心臓の機能が悪くなっていることがわかった。私は主治医から直接、症状の説明を受けた。

主治医は、

「残念ですがもう特養には戻れません。点滴で命をつないでいるだけで、点滴を止めればすぐに逝ってしまうでしょう。心臓もほとんど機能していませんので、点滴をしていてもあと何日持つかわかりません」

と、私に説明した。とうとうこの時が来てしまった。

私はこの話をさつき荘へ持ち帰り、介護職を集めてつつみ隠さず伝えた。みんな動揺していた。自分たちに何ができるのかわからなかったのだろう。

職員のSが必死につとめて明るく言った。

「どうせダメなら帰って来てもらおうよ！　誰も知らない病院で最期を迎えるなんてかわいそうじゃん！　私たちがちゃんと話せば、Yさん、絶対食べてくれるよ！」

Sの気持ちを誰よりも知っている職員たちは、涙をこらえた。

その後、誰も話そうとしなかった。軽はずみなことは言ってはいけない雰囲気があった。私は情を交えず話した。

「本当に帰って来たら食べてくれると思うのか？　どうなんだ？　施設では点滴は制限がある。もしかしたら、帰って来たその日にそのまま逝ってしまうかもしれないぞ。それでも、本当にお前たちは受け入れる覚悟ができてるのか？　本当に食べてもらえる自信があるのか？」

私の口調も激しくなっていたと思う。私にも余裕はなかった。

沈黙のなか、Sがこらえきれず大泣きした。

「食べられるわけないよ！　帰って来たら点滴もできないんだもん！　死んじゃうよ！　どうしたらいいかわかんない！　わかんないよ！」

Sは人目もはばからず、泣きじゃくった。

私は介護職に言った。

「明日、Yさんに会って話してくるよ。Yさんの今の状態。先生が言ったこと。お前たちの気持ち。さつき荘に帰って来るってことがどういうことなのかも…」

みんな黙ってうなずいた。


翌日、病院へ行ってYさんにこの話を伝えた。Yさんはすべてわかっていた。すでに喋ることはできなくなっていたが、アイコンタクトはとることができた。私の質問にイエスなら目をつぶる。ノーならつぶらない。

私はYさんに今の身体の状態を正直に伝えた。主治医が言ったこともそのままに。

非情ととられるかもしれないが、私のなかにも、入居の時から携わってきたYさんとの関係はそんなに薄っぺらいものじゃない！という自負があった。

「Yさん、俺の言ってる意味、わかるかい？」

と聞くと、Yさんはパチッと目をつぶった。

そして、最後の質問。

「Yさん、さつき荘に帰る?」

…私は逆に目を見るのが怖かった。

しかし、Yさんは全力で目をつぶっていた。

そこに立ち会っていた病院の看護師も、その姿に大粒の涙を流していた。

看護師は、

「すぐに先生に話して手配します。私、さつき荘の職員さんたちがうらやましいです」

と言い残して、部屋を出て行った。

Yさんと二人になった部屋で私はYさんに聞いた。

「Yさん、本当に俺たちの決断は正しかったのかな?」

…Yさんはにっこり微笑んだ。


Yさんは退院した。職員たちはうれしさと不安を隠せなかった。

必死にYさんに食事を勧めた。好きな物なら食べるかもしれない、とさまざまな物を買って来たり、つくったりしていた。

だが、現実は映画のようにはいかない。

Yさんも職員たちの気持ちに一生懸命応えようと口を開けてくれるが、喉を通らない。というより、口の奥まで物を運ぶことすら今のYさんにはできなくなっていた。

職員たちは介助しながら必死に涙をこらえた。

「絶対に泣いてはいけない！」

職員たちは、誓っていたのだ。

本当に、退院したその日に旅立たれてもおかしくないYさんだったが、それから一カ月。さつき荘で最後の時間を過ごすことができた。

その時間をプレゼントしてくれたのは、さつき荘の主治医の先生と看護師だった。特養での医療には限界がある。常時点滴を必要とする人は基本的に特養の対象ではないのだ。それでも先生は黙って点滴を行なってくれた。

まるでYさんのことを忘れてるような芝居までしてくれていた。ありがたかった。先生がYさんと職員の心の準備の時間をプレゼントしてくれたのだ。看護師も良くフォローしてくれた。その一カ月の間に、Yさんは頑張ってコーヒーを飲んだり、イカをしゃぶったりしてくれて職員を喜ばせた。

最後の一カ月。たくさんの想い出をつくることができたのだった。

お別れの時、職員のSはやはり泣き崩れた。ただ、立ち直ることができた。この一カ月の間、**覚悟とともに多くのことを考える時間**をもらったのだろう。

Sは、強くなった。今もYさんとの想い出を胸に働いているのだろうと思う。

Yさんが職員を強く成長させてくれたのだ。

介護職には人の命を救う力がある

Yさんが死に場所を自分で選択したように、**人は苦労して生きてきた人生をどこで終えるか、選ぶ権利がある**と思う。人間は、自分らしく生きる権利を持っているのと同じように、自分らしく死ぬ権利も持っているはずである。

だが、そこには人の協力が必要だ。Yさんの人生の最後には**たくさんの人の協力があった。たくさんの人の覚悟があった。これを現実にできたのも、介護職の強さ**なのである。

介護職の想いが人の心を動かしていくところを私は何度も見てきた。

“最幸”の介護エピソード・ファイルNo.14

転倒し、大腿骨頸部骨折したEさん。入院してすぐに手術を受けた。手術はうまくいき脚の状態は良くなったが、食事を食べなくなってしまった。

病院の看護師からさつき荘へ問い合わせの電話がかかってくる。

「Eさん、何をしても食べないんですけど、どうやって食事介助してましたか？」

電話で何を伝えてもEさんが食べるようにならないことは、介護職はみんな知っていた。Eさんは昔からひねくれ者なのだ。もともと食事は自分で食べていたし、もしも介助になったら、気に入った人に介助してもらわないと絶対に食べない。

この病院に介護職がお見舞いに行った時、

「あ〜、これは食べないわ」

職員はみんなそう思った。看護師の対応が冷たいのである。

これは、自分たちが介助に行って食べられるようにしないと帰って来られない。職員たちは仕事が終わると交代で病院へ介助に行き、食べられるようにして、見事、退院させることができた。

最初の頃は「よくやるよね」というような態度の看護師たちだったが、毎日毎日、介助にやって来る介護職を見て、態度を軟化させていった。

「さつき荘の職員さんが来ると表情が全然違いますね」

そう声をかけてくれるようになった。

このEさんの命だって、この時、職員が病院任せにしていたら終わっていたのかもしれない。いや、終わっていただろう。

人の命を救うのは医療だけの役目だと思ったら、大間違いだ。

介護職にだって医療従事者と同じように人の命を救う力がある。その証拠に、このエピソードから3年以上経った今も、Eさんは元気にさつき荘で生活しているのだから。

介護の仕事に就く方たちには、このことを肝に銘じてほしい。

第13章 プロレス×ビジネス×倫理＝介護

大事なことは、A猪木から教わった

本文中からもお気づきかと思うが、私はプロレスファンであり熱狂的な〝猪木信者〟でもある。大事なことはすべてアントニオ猪木から教わった、そんな気持ちを持っている。残念ながら最近はプロレスを観る機会は少なくなったが、当時はよく会場にも足を運んでいた。会場では、次の日に声が出なくなるほど「猪木コール」を叫んでいた。猪木さんの勝利に、大げさではなく狂喜乱舞するほどであった。そんな「猪木プロレス」から学んだこと、18歳から社会に出てビジネスシーンで学んだこと、そして福祉を通じて学んだ倫理観。それらを総合して今の私の介護観ができ上がっている。

このことについて、この章ではお話をさせていただこうと思う。

私は「この業界にはいないタイプの方ですよね」と言われることが多い。体が大きいことにより見た目のインパクトも強いのであろう。

180㎝。90㎏。たしかにそれだけでもこの業界では珍しいのかもしれない。

昔、空手をやっていたことがこの大きな体の理由だが、もともと私は線の細い少年だった。空手を始めた17歳の時の身長は今と一緒。伸びていない。しかし、体重は52kgだった。いわばガリガリ。強くなるためにウェイト・トレーニングを始めた。多い時は一日6食も食べていた。プロテインパウダーをいつも持ち歩き、味噌汁やスープに溶かして飲んでいたぐらいである。体を大きくするために必死だった。もちろん空手の試合で勝つこと、強くなることが当時の私にとって最大の理由だったが、この大きな体が介護業界に入った後も大いに役立っていると思う。

何より目立つ。インパクトがあるし「一度会ったら、忘れない」とよく言われる。

昔、猪木さんが話していたが、猪木さんのトレードマークである、アゴ。これがコンプレックスで若い頃はずいぶん悩んでいたそうである。あまりにも気になって病院で受診したこともあったが、その医師から

「あなたはプロレスという人気商売をしているのでしょう。だったら、あなたのそのアゴはもってこいだ。一度見ただけで顔を覚えてもらえるなら、これ以上の武器はない」

というようなことを言われたそうである。

それ以来、コンプレックスでなくなりトレードマークになった、という話を聞いたこ

とがある。

介護は人気商売ではないと思われる方も多いと思うが、私はそういう一面も持っていると思う。訪問介護のような仕事でも、やはり人気のある指名の多いヘルパーさんというのはいるものだ。

当然といえば当然。他人が自宅に訪ねて来て、しかも身体の介護を頼むのである。できれば優しい人にやってもらいたいし、素敵な人にやってもらいたい。私が長く介護職として勤めた特養でも同じ。やはり人気のある介護職、人気のない介護職というのは、傍目にもわかるものだった。自分でいうのもおこがましいが、私は結構、人気のある介護職だった。

リーダー職に就いている人へのアドバイスだが、**自分の介護観や理念を仲間や部下に浸透させたければ、人気のある介護職を目指すべき**だ。

私は、昔からかなり強引に部下の介護職を自分の考えに導きながら牽引してきた。違う考えの者もいたと思うし、不満を持っていた者もいたはずだが、私の考えに従わざるをえなかったのは、私が利用者やご家族に絶対的な人気を誇っていたからである。

どんなに私の考えを否定したくても、顧客である利用者やご家族から絶大な信頼を得ていれば否定しようがない。そもそも商売、ビジネスというものの大前提は、先にも述べたように「優先すべきは、顧客の意識」である（第9章参照）。

顧客があってビジネスは成り立ち、顧客のロイヤリティにより会社は成り立つ。介護でいえば、それは利用者であり、ご家族である。だから、**利用者、ご家族から信頼をされている職員には絶対的な強みがある**のだ。

新日本プロレスを立ち上げてから、長きにわたり絶対政権を維持したアントニオ猪木も同じ。アントニオ猪木に反発し新日本プロレスを飛び出したレスラーも多かったが、それでも猪木政権は崩壊しなかった。それは顧客（ファン）に絶対的な人気を誇っていたからである。

介護は一人ではできない。複数の人間の協力、連携によって良い介護ができる。そのために、導いていくリーダーは肝心の利用者、ご家族の人気者でないと成り立たないものである。

大きな体は他にも役立った。それは、相手に与える安心感である。

私が所属する法人には相撲の実業団があり、私よりもさらに大きい職員が複数いる。そこに共通して言われるのは「あなたがいれば、安心ね」という言葉。大きな身体をしているから、いざという時に助けてもらえる、という安心感があるのだろう。

ただ、ここで誤解のないようにつけ加えると、大きいだけで安心感につながるわけではない。逆に大きな体は威圧感があり、場合によっては「怖い」という印象を与えてしまうこともある。

大きな体をしている人ほど笑顔を絶やしてはならない。大きな体でしかめっ面、もしくは無表情でいたらどれだけ怖いか想像してほしい。体の小さな人や介護を受ける側の高齢者にしてみればなおさらである。大きな体の人間が、笑顔で額に汗して働くから安心感を与える。

私はこの大きな体によって相手に与える安心感を手に入れたが、これは体の大きな人間にしかできないわけではない。相手に与える安心感というのは、つまり体から発せられるオーラのようなものなのだ。

それには**「私がついていますから安心してください」というメッセージを他者に発信**

できるだけの「自信」が必要である。

介護を受ける側は、時に体だけでなく心もゆだねなければならない。その相手である介護職から「自信」を感じることができれば、これ以上の安心感はない。

ただこの自信というのは、一朝一夕に身につくものではない。なんの世界でもそうだが、自信を持つにはその根拠となる「努力」が必要だ。私の場合はたまたまそれがトレーニングだった。

介護の仕事、相談員の仕事、管理者の仕事と、どれだけ忙しくてもトレーニングを怠らなかった。今の仕事に就いてからのトレーニングは体を大きくしたいという意味合いではない。自分に負荷をかけるため、どんなに忙しくても辛くても逃げ出さないという精神力をつけるために行なっている。その逃げ出さないという自信が、内面から発せられることを意識した。

自信というのは、このような努力により成り立つものである。

だからそれがトレーニングでなくてもいい。介護を職業としているのなら、介護の勉強を一生懸命して知識と技術を身につければいい。医療的な知識を身につければ利用者の体調の変化に気づけるようになる。栄養の知識を身につければ利用者の健康を守ることにつながる。制度のことを理解すれば困っている人を助けることができる。

そのような**総合力がつけば、自信を持って仕事をすることができる**。

ちなみに介護福祉士の受験には、介護技術だけでなく、前述した医療、栄養（家政学）、社会福祉概論など多くの科目が含まれている。これだけ多くのことを学び、技術も身につけ、国家資格を取得した者が、なぜもっと世間から高い評価をされないのか？

私は納得がいかない。

しかし、介護を職業としている人たちには、腐らず、介護職の地位向上を信じて頑張ってもらいたい。かつて「プロレスに市民権を！」と、アントニオ猪木も世間と闘っていた。そして、アントニオ猪木という名とプロレスというジャンルは、世間に認知され絶対的なものになった。話が大きくなったが、介護という仕事と自分自身に自信を持って介護にあたってもらいたい。

高齢者の力や魅力を引き出す

プロレスというのは、他のスポーツや格闘技とはかなり違ったものである。単なる勝敗だけを争うものではなく、そこにプロレスラーとしての凄みや芸術的な要素がかなり含まれている。

ファンではないみなさんが見た時、違和感を感じるだろうと思われるのが、ロープに振られて返って来る、という一連の動き。つまり、わざと相手の技を受けている、ということ。これを八百長、ショーという人がいるが、これがプロレスファンが他の格闘技よりもプロレスをこよなく愛する理由でもある。

つまり、ただ実力が上のレスラーが力で勝つだけでなく、相手の技を敢えて受けたり、対戦相手の魅力を引き出し、輝かせ、そのうえで最後に勝つ。という特殊性がたまらないのである。

プロレスの話ばかりになってはいけないが、この特殊性、じつは介護という仕事に必要なスキルなのである。本書は、介護職の凄さを紹介することを一つの目的としているが、介護現場での主役はもちろん介護職ではなく高齢者である。その高齢者の方たちの力（業界では残存能力などと言うが私はその言い方が嫌い）や魅力を引き出し、そのうえで安全、安心、老後の幸せな生活をサポートするという仕事は、プロレスのそれに類似している。

"最幸"の介護エピソード・ファイルNo.15

ある男性利用者Kさんは、長く一人暮らしをされている方であった。しかし、認知症の発症により、外で混乱して帰り道がわからなくなったり、泥酔して道端に寝てしまったり、警察のお世話になることが多くなっていた。

私がKさんのことを知ったのは、真冬の頃。Kさんを担当するケアマネジャーがさつき荘へ相談に来たことがきっかけだった。

じつはKさん、自宅でぼや騒ぎを起こしてしまった。

聞けば洗面器を火にかけ、味噌汁をつくろうとしたとのこと。当然、洗面器に火がつき、家から火と煙が漏れているところを近所の人が発見。消防車が来てぼやで済んだ、ということであった。

このことをきっかけに、以前から近所で問題になっていたKさんは退去を迫られることになり、ケアマネジャーがさつき荘へ相談に来たのである。

まず、その家に訪問した私の目に映ったのは、ほぼすべて割れていた窓ガラス。外壁も崩れていた。家のなかに入ると雨漏りがひどく、畳はぐちゃぐちゃになっている。散乱している洋服や新聞などで足の踏み場もない。

さつき荘でお引受けしなければ、Kさんは今日もここで寝るのだ。そう思うと、断ることなどできるはずがなかった。真冬の寒さ、窓ガラスがなく、これでは外で寝ることと同じ。今日にでも死んでしまう、本当にそう思った。

Kさんは即日入居していただくことになった。ケアマネジャーは喜んでいた。聞くところによると、他の施設にも申し込みをしていたがすべて断られていたとのこと。理由は、「難しくて、受けられない」。

このような生活環境であったので、当時のKさんの容姿はそれはきれいにしているとは言い難いものだった。髪やひげは伸び、洋服も汚れていてボロボロ。お風呂にも長く入っていないようだった。入居を断る理由、「難しくて、受けられない」というのは見た目的なことが大きかったようである。

たしかに、性格も職人気質で荒いところがあり、老人ホームで穏やかに過ごすタイプには見えない。今まで一人で自由に生きてきて、老人ホームでじっとなどしていられないであろう。一人で出て行ってしまって捜索願いを出すようなことになるのではないか。施設の職員からはそのような印象で見られたようである。

さつき荘で即日Kさんを受け入れることになったものの、パッと見、ちょっと怖がる職員もいるであろうと思ったので、職員たちには直前だが情報を伝えておいた。

私がKさんを車で迎えに行き、さつき荘へ到着すると、

「Kさーん！　こんにちは〜！」と、職員たちが元気いっぱいに出迎えてくれた。

やや緊張気味だったKさんは意表を突かれたように、

「お、おう…参ったな、こりゃ」と照れ笑いした。

まだ髪も伸びたまま、ひげ面のKさんを見て、入居者のみなさんは少し怖がっている様子だった。横を通る時も明らかに避けられていた。

そんな様子を敏感に感じ取った職員は、

「Kさん、疲れただろうけど、休む前にお風呂入っちゃわない？」と誘った。

「風呂なんかいいよ。面倒くせぇから」とKさんは断ったが、

「Kさん、お風呂入って、ひげ剃ってあげるよ。ひげ剃ったほうが絶対男前でカッコイイよ！」と職員が言うと、恥ずかしそうに、

「そうかぁ。んじゃ、しょうがねぇなぁ」と、うれしそうに笑ってお風呂に向かった。

お風呂に入って、ひげを剃ってきたKさんは見違えるようになっていた。

「Kさん、カッコ良くなったね！」と職員に声をかけられると、

「なに言ってんだよぉ。馬鹿ぁ」と、笑っていた。

容姿的にはきれいになったKさんだが、その職人気質の言い回しや大雑把な行動は老人ホームにはいないタイプ。他の入居者のみなさんからはなかなか受け入れてもらえなかった。

だが、Kさんに帰る場所はない。語弊があるかもしれないが特養というところはさまざまな事情があって入居する。多くのみなさんにとってここが終のすみかになるのだ。

職員たちは誰よりもそのことを知っている。だから一人ひとりの入居者の方に窮屈な思いはさせたくない。「本当に、さつき荘へ来て良かったなぁ」と思ってもらえる生活をしてほしいのだ。

それには職員との関係だけでなく、他の入居者のみなさんとも、お互いを認め合い楽しく生活してほしい。**職員は入居者の方同士をつなぐ媒介になるのも大事な仕事**なのである。職員は、Kさんが職人として長年活躍されてきた功績をさりげなく他の入居者さんの前で話したりする。

「凄いよね〜。○○さん」などと話を振り、

「へ〜。そんな凄い仕事をされてたの」と、入居者さん同士の会話をつなぐ。

そうやってお互いを知ることによって徐々に誤解は解けていき、気がつけばKさんの行動を笑顔で見てくれるようになっていくのである。

なかには「Kちゃん」などと、愛称で呼んだりする人もいる。そうやって**一人ひとりの個性を輝かせ、魅力を引き出すのも介護職のスキル**なのだ。

よく、相手の技をまったく受けようとしないレスラーがいる。これではどんなに強

くても、どんなにボディビルで鍛えた体であっても、ファンは認めない。ファンが認める一流のレスラーとは、自分を輝かせるだけでなく、相手さえも輝かせることができる（あくまでもファン目線だが…）。言うまでもないが、もちろん介護職にとって高齢者は対戦相手ではない…。

介護というのは、お世話する側、される側という点で見ると、介護職は立場的に強者になりやすい。だからこそ**自分本意ではなく、高齢者を輝かせるようなセンスを持ち合わせていないといけない**職業なのである。

Kさんはすっかりさつき荘の人気者となった。ただ、同室の隣のベッドの方とはよく口喧嘩をする。ある時、Kさんが淋しそうに廊下に立っていることがあった。

職員が「どうしたの？Kさん」と声をかけると、

「参っちゃったよ。隣の爺さんがさぁ、この家から出て行け！って言うんだよ。出て行けって言われても、ここは俺ん家《ち》だろ？　参っちゃったよ」と、嘆いていた。

そう、Kさんにとってさつき荘は「俺ん家」になったのだ。

入居前、一人で出て行ってしまうのではないかと心配されていたKさん。ところが

Kさんはさつき荘に入居後、一度も一人で出て行ってしまったことはない。それは、職員たちがKさんと一緒に買い物に出かけたり、居酒屋に飲みに行ったり、施設のなかに閉じ込めてしまうようなことをしないからであろう。

Kさんにとって、さつき荘の**職員たちは新しい家族なのかもしれない**。

「介護」とは、「介入して、護ること」

もう一つ、リーダー職の人にアドバイスするとすれば、人材育成もプロレス的感覚が活かされる。誤解されてはいけないが、人材育成のための指導の方法は一流レスラーのそれに似ているのだ。言うまでもなく、指導と介護が同じ感覚で行なわれてはいけない。

すべての介護職が高いスキルを持っていることなどありえない。チームのなかには3か4の力しかない職員も当然いる。その職員たちをただ力で押さえつけてしまうだけでなく、7、8、9、と力を引き出してやるのもリーダーとしての仕事なのだ。

本書でも再三述べているが、**部下を輝かせてこそリーダーである**。

一人ひとりが持っていながら眠らせてしまっている魅力を引き出す。そうして**力を引**

き出された職員たちによって、一番の恩恵を受けるのは他ならぬ利用者である高齢者なのだ。これが強い介護チームをつくる秘訣である。

だが7、8、9、と力を引き出していっても、必ず10の力で上から蓋を閉めておかなければならない。これは組織として考えた場合、とても大事なことである。

人というのはすべての人が同じ感覚ではない。リーダーの裁量によって7、8、9、と力が引き上げられていったのに、時に自分の力でのし上がったと誤解してしまう者もいる。これに蓋をしておかないと、間違った方向へ飛び出してしまい、上司の言うことを聞かなくなったり、組織の考えを無視した行動をとってしまったりすることがある。だから**10の力で蓋をしておくことが重要**なのである。

介護、いわゆる福祉という世界は、「組織」「上司、部下」「経営」「ビジョン」など、ビジネスで使われるような言葉があまり使われない。だが、われわれも介護を職業とし、給料をもらいながら働くビジネスパーソンである。どんなに経験豊富な介護職を集めても、立派な建物をつくっても、多額な投資をしても、**組織がしっかりしていないところには良い介護はできない**。

介護だから、福祉だから、などと言って馴れ合いでやっていたのでは、顧客に対して質の高いサービスなどできるはずがないのだ。

今もすでにそうなりつつあるが、介護だからといって顧客から「お世話になっております」「ありがとうございます」と、感謝される仕事だという時代ではなくなっていく。

そもそも顧客は、介護保険料に加え、利用料金まで支払って介護サービスを利用しているのである。時代的なものも含めて、顧客意識が高まっていくのは当然のこと。**時代に合わせて対応できる、進化できる、それは企業と同じで、介護業界にも求められるもの**である。

プロレスとビジネス。私の感覚のなかで介護に必要な要素。だがもうひとつ、何よりも失ってはいけないのが、倫理である。

倫理に関しては、第7章などでも書かせていただいたので詳しい説明は割愛するが、この**3つの要素が合わされば、無敵の介護サービスができる**と思っている。

倫理の原点は、正義の心。戦後、力道山が悪役レスラーを空手チョップで倒す姿に国民は感動し、日本は元気になった。

「正義は勝つ」

それが理想であり、あるべき姿だと思う。

だが、実際の世の中はそんな単純な仕組みにはなっていない。かつて極真空手を創設した大山倍達総裁は、「正義なき力は無能なり。力なき正義も無能なり」と言っていた。

世の中は正義が勝つのではなく、力のある者が勝つ。いくら正義だ、倫理だと振りかざしても、力がなければ何もできない。力のある者が、正義の心、倫理観を持っていなければいけないのである。

ここでいう力とは、腕力のことではない。**力とは、知識であり、技術であり、経験であり、人を納得させるだけのもの**を指している。

介護職を志す人には、この「力」と、「正義（倫理）」、両方を身につけていただきたい。大切な人を守るには、力が必要だ。「介護」という言葉の定義はさまざまな考えがある。

私が思う**「介護」とは、「介入して、護《まも》ること」**。

人間は、高齢になるとどうしてもさまざまな機能が衰えていく。生活していくためには人の介入が必要になる。介護を志す人には、介入が必要になった高齢者を、力を持って護ってほしい。倫理観を持って護ってほしい。

それが、私がめざす介護職のあり方である。

第14章

「超幸齢社会」を創造する

年間1000人を超えるボランティア

日本は超高齢社会になった。総人口に占める65歳以上の高齢者の割合は25％に達した。この原稿を打っている最中にも、厚生労働省から日本の医療費が２０１３年度で39兆３０００億円になったと発表があった。

主な原因は高齢化にある。この超高齢社会になった原因や対策に関しては多くの専門家により分析されており、私が詳しく触れることは遠慮させていただく。ただ、私はこの超高齢社会を、ネガティブなイメージから発想転換したいと思っている。そこで打ち出したいのが**「超幸齢社会」**。

私の勤める社会福祉法人は「老後を幸せにする会」という。「○○会」などシンプルな法人名が多いこの業界のなかで大変珍しい名前だが、私はこの法人名を凄く気に入っている。

「老後を幸せにする」なんとわかりやすいネーミング。理念、コンセプトがそのまま法人名になっているのだから、わかりやすくていい。その法人名にもなっているコンセプトをもって、私は**「超幸齢社会を創造します！」**をキャッチコピーにしたい。

第9章でも触れたが言葉というのはとても大事である。どんなに高い理想を持っていても、素晴らしい戦略があったとしても、まずは人に興味を持ってもらえなければ何にもならない。人に見て、聞いてもらわなければ世間に出ることはないのだ。

そのために言葉は重要な武器である。

魅力的な言葉で人の目に留まる「アイキャッチ」。

面白そうなネーミングやキャッチコピーにより人の目にとまり、中身に興味を持ってもらい、参加、協力をしてもらうかたちになることを、「マインドセット」という。

私は「超幸齢社会」という言葉をディレクション（方向性）キーワードとして、**介護職だけでなく多くの方と一緒にこれからの社会を創造していきたい**。

介護現場で働く私たちだが、介護現場は介護職だけで成り立っているのではない。看護師や栄養士、リハビリ職員などが多職種協同で介護現場を支えていることは本文でも紹介したが、それ以外にも多くの方たちの協力によって介護現場は成り立っているのである。

なかでも、ボランティアの存在は、介護現場に多大な力を与えてくれる。

さつき荘は数年前から「ボランティア１０００」という活動を始めた。一年間に１０００人のボランティアさんに来ていただくという取り組み。

大きな施設などでは年間１０００人を超えるボランティアというのはわりとある話だが、さつき荘のような小さな施設で年間１０００人のボランティアさんに来ていただけるというのは珍しい。この取り組みを始めてから、現在まで毎年１０００人を大きく上回るボランティアの方に来ていただいている。本当にありがたい。同時に目標を数字設定することの大切さも感じる。

その多くのボランティアさんのなかで、長きにわたりさつき荘を支えてくれているのがアロマセラピーのボランティアさんである。

アロマセラピーが起こした「奇跡」

アロマセラピストの岩谷宏美先生は、自由が丘でアロマサロンを経営されている。さつき荘に初めて来てくださったのは２００７年のこと。

最初は飛び込みで来てくださった。岩谷先生は、初めてお会いした時からおきれいな容姿に加え、その優しい人柄が内面からにじみ出ているような素敵な方だった。

オリエンテーションでさつき荘のビジョンや事業内容についてお話をさせていただくと、これから定期的に来てくださると、約束してくださった。入居者一人に15分程度で想定し、2時間で5~6人ぐらいの方に施術していただく予定で始めたが、岩谷先生のアロマセラピーの技術に加え、その優しい話し方、心遣いに入居者のみなさんもなかなか離そうとしてくれず、結局、2時間に5~6人の予定はすぐに崩れてしまった。

"最幸"の介護エピソード・ファイルNo.16

施術を受ける入居者のなかに、男性の利用者Oさんがいらした。

Oさんは、まだお若いうち(50代)にアルツハイマーが発症し、在宅での介護を経てさつき荘へ入居された。ご家族は、ご主人想いの優しい奥様とお父様思いの優しい娘様。お仕事をされながら週末は必ず面会に来られていた。

Oさんは当時、アルツハイマーが進行し、いわゆる寝たきりの状態。食事を口からとることもかなわなくなり、胃ろうを造設されていた。意思疎通も難しく、話しかけるものの、Oさんからの返答は返ってこなかった。そんなOさんのベッドサイドに、奥様、娘様はいつも寄り添い、同じ時を過ごされていた。

Oさんは、岩谷先生のアロマセラピーを受けると、とても気持ち良さそうにされていた。意思疎通が困難になっていたOさんだから、明確な答え、気持ちはうかがうことができなかったが、その表情はうっとりされ、「気持ちいいな〜」と顔にかいてあるようだった。

そんなOさんだったが、身体は徐々に弱り、細くなっていくのが目に見えてわかるようになっていた。お腹のあたりも細くなっていくため胃ろうの接続部が合わなくなり、液体が外に漏れてきてしまったり、胃ろうからの栄養の吸収が悪くなり、逆流してしまうことも多くなっていた。そんなOさんの状態を何とかしてあげたいと思いながら、介護職は身体介護を行なうこと、励まし、声をかけることしかできなかった。

その時が近づいていることは、介護職も、ご家族も感じつつあった。

そしてある日、Oさんの身体に明らかな異変が起きていた。誰の目にも呼吸が苦しそうで、尋常ではない。酸素吸入するが改善されない。往診に来た主治医から「今日、明日が山…」という、誰しもが聞きたくなかった現実をつきつけられた。

奥様に連絡し急遽来ていただいた。奥様もベッドサイドで寄り添うことしかできない。

ただ、奥様からは「最期はさつき荘で迎えさせてあげたい」と言っていただいた。それは職員も同じ気持ちだった。

最期の時が迫っている。私はお世話になったアロマセラピストの岩谷先生に電話で状況を伝えた。

「すぐにうかがいます!」

先生は電話口でそう言った。ご負担になってはいけない、そう思っていたが、その力強く優しい言葉は、私には正直、たまらなくうれしかった。

しばらくすると先生がさつき荘に到着され、その手にはアロマオイルがぎゅっと握り締められていた。

「お邪魔します」

先生はOさんの部屋のある2階へ向かった。

奥様に挨拶を済ますと、先生はご自分の手を温め、アロマオイルを調合し、Oさんの胸部をマッサージした。

マッサージというより、その手からOさんの心に語りかけている感じだった。Oさんの急変に緊張の走っていた空気が一変するような気がした。

そして、その現場にいた職員たちはわが目を疑った。先ほどまで荒い呼吸で、酸素を流しても改善されず、胸からはゴロゴロと音がしていたOさんが、スヤスヤと穏やかに呼吸し始めたのだ。

軽々しい言い方はしたくないが、それは私たちの目の前で起きた「奇跡」だった。あんなに苦しそうにしていたOさんの呼吸がゆっくりとなり、胸の音も痰がからむこともなくなった。私たちは驚きとうれしさで言葉を失った。

安堵の表情を浮かべた奥様に、岩谷先生は優しく声をかけた。

「よろしければやってみますか？」

奥様は涙を拭い

「はい！」と答えた。

奥様は、緊張しながらも手にアロマオイルを塗り、先生の指導を受けながらご主人の胸をマッサージした。Oさんの呼吸は穏やかだった。今までアロマセラピーに関心のなかった看護師も驚いていた。

それから奥様は、仕事を休んで毎日面会に来られるようになった。

アロマオイルはいつもお部屋に用意し、奥様がいらした時にはいつでもできるようにしていた。週末には娘様もお見えになり、奥様が岩谷先生から説明されたことを娘様にも伝え、お二人でOさんのマッサージをされていた。奥様はご主人の胸部を優しくなで、娘様はお父様の手を握り優しくさすっていた。

それまでは、奥様と娘様がOさんの面会に来られ、ベッドサイドで過ごす姿を見ては、私もお部屋にお邪魔し他愛もないお話をしていた。意思疎通が難しくなっていたOさん。会話こそできないが、ベッドサイドで寄り添うお二人に冗談を言ったりして、少しでも和んでくだされば、などと余計なことをしていた。

だがこの時は違っていた。私がお部屋に入る理由も余地もなかった。Oさんがさつき荘に入居して10年。Oさんと、奥様と娘様は、アロマセラピーを媒介にして心を通わせていた。アロマセラピーがご家族をつなげてくれていた。

穏やかな呼吸、穏やかな表情のOさん。奥様にマッサージしてもらう気持ちはどうだったのだろうか？　娘様に手を握ってもらう気持ちは、どうだったのだろうか？Oさんの命の時計は確実に進んでいたが、人生の最期にこんな時間が待っているとは誰も想像していなかった。ご家族三人、今までの時間をとり戻すかのように過ごされていた。

「今日、明日が山」と言われた日から一カ月。Oさんは旅立たれた。最期の瞬間までOさんは穏やかだった。岩谷先生、アロマセラピーがご家族で過ごす最後の時間をつくってくれたのであった。

“最幸”の介護エピソード・ファイルNo.17

岩谷先生のさつき荘での活動で忘れられないのが、女性入居者Sさんの存在。当時、99歳だったSさんの愛称は「チャコちゃん」。

とてもチャーミングな女性でみんなから愛される彼女は、

「私、小さい時から、チャコちゃんって呼ばれてたの」と言い、職員が「チャコちゃん」と声をかけると、

「チャコちゃんだって。やだ〜。うふふ」と、照れ笑いする方だった。

そんなチャコちゃんと岩谷先生はお互いにひと目惚れしたようで、最初からウマが合い、チャコちゃんにとっては99歳でできた親友だった。

そして、100歳の誕生日。

担当職員は、

「チャコちゃん、100歳のお誕生日に岩谷先生のアロマサロンへ全身トリートメントに行かない？」と誘った。

「あら〜いいわねぇ」

チャコちゃんも、乗り気だった。

私はその提案を聞いて、よく電車の車内広告で見るアロマサロンの広告を思い出していた。「あれって、よくうつ伏せになって背中のマッサージをしてるよな…」

100歳のうつ伏せ。ちょっとビビったが、チャコちゃんも乗り気だし、私はこの企画にOKを出した。

そして、迎えた当日。100歳のチャコちゃんは本当にうつ伏せになり、アロマサロンで全身トリートメントを受けてきた。

送迎をした私に、チャコちゃんは、

「凄く良かったわ〜♪」と嬉しそうだった。

お二人の歳の離れた友情はその後も続き、101歳、102歳と、毎年チャコちゃんの誕生日お祝いは岩谷先生のサロンでのうつ伏せ…じゃなかった、全身トリートメントが定番になっていった。

この企画は、チャコちゃんが104歳になるまで続いた。

だが、命に永遠はない。チャコちゃんの体は年々細くなり、その時は、確実に近づいていた。104歳を迎えると、歩くことも立つこともできなくなった。ベッドで寝ている時間が多くなり、覚醒していることも少なくなっていた。

意識がはっきりしないなかでも、岩谷先生のことだけは最後まで理解されていた。

最後の頃はアロマセラピーというより、先生はチャコちゃんの親友として一緒に過ごせる最後の時間を共有しているように見えた。年の離れた二人の友情を、私たちもそっと見守った。最期の時まで…。

長生きが報われる社会とは？

最近では看取りまでする特養が増えている。80年、90年と生きてきた方の晩年をともに過ごす私たちの仕事は、改めて「凄い仕事だな」と思うことがある。

先にも述べたが、40兆円に迫る日本の医療費。高度な医療により、人間は長生きすることができるようになった。おかしな言い方をするようだが、**長生きすることが義務になった**。私はそう感じる。

人が生きる。人生というのは決して楽じゃない。その楽じゃない人生をあえて長引かせたわけだから、これは報われるような社会をつくるべきである。長生きした甲斐のある社会。苦労が報われる社会とは何か？

私は、その鍵になるのが介護職だと思っている。

どんなに医療が高度になろうとも、歳をとっても健康で人の世話にならないで最期まで生きられるところまでは、なかなかたどり着けない。多かれ少なかれ介護を要することになる。まして、時代背景から親の面倒は子どもがみるのが当たり前という図式は、もはや常識ではない。それは多くの調査などで数字に表れている。親の側ですら子どもに面倒見てもらいたくない、と思うような時代なのだ。

だとすれば誰が高齢者の介護をするのか？

介護職である。**介護職とは、社会のなかで絶対に必要な仕事なのだ。**

どんなに偉い人であっても、将来的には介護を受けることになる。誰しもが健康でいたい。認知症になりたくない。だが、おそらく人間の身体や脳というのはもともと90年も100年も生きるようにはできていないのだろう。

それを**医学の進歩により長生きするようになったのだから、介護を受けることになるのも義務化されたた**ようなものである。その結果が「超高齢社会」だ。

人生の最終ステージを迎えた頃、介護を受けるようになったとしても、「苦労して生きてきた人生が報われた」「長生きした甲斐があった」と思うには、そのことを理解している人間から介護を受けることである。

「超幸齢社会」をつくるには、この「介護職」という職業を社会全体で考えなければいけないのだ。

残念ながら今、介護という職業に就いている人間は二分化している。

志があってこの仕事に自らの意思で就いた者。不況により、慢性的に人手不足で就職しやすい介護業界に入ってきた者。後者であっても、職に就いてから意欲的に働いている人もたくさんいるが、責任の重い、介護という職業に就く人には、志高く持ってほしいものである。

こう言うと、資格要件が厳しくなったり、有資格者でないと働けなくしたり、社会はそういう動きになりがちだが、私が言いたいのはそのようなことではない。

私が将来、高齢になって介護を受けるようになった時、介護をしてもらいたいのは「優しくて話のわかる、気のいい兄ちゃん、姉ちゃん」である。

大学を出てなくても、資格を持ってなくてもいい。私が、失禁してしまっても、「いいの、いいの。気にしなくて。みんないつか歳をとるし、順繰りだからさ。このぐらい俺がやってやるよ。若いんだから」と言ってくれる兄ちゃん。

私が認知症で混乱していても、

「あたしがついてるから大丈夫だよ」と言ってくれる姉ちゃん。

もしも、医者からお酒を禁じられていても、「口つけるだけだよ」と言って、お猪口でお酒を持って来てくれる介護職である。

もちろん職業である以上、専門的な勉強はしなければならない。身体に不安がある時に安心させてくれる医療知識もあったほうがいい。栄養のある物をつくってくれる知識と技術があるに越したことはない。制度のことも勉強していて困った時に助けてくれたらありがたい。

ただ、それはいずれ身につければいいものであって、出発点は気のいい兄ちゃん、姉ちゃんでかまわない。そんな介護職を育てていきたいのだ。私はそのことに今後の人生をかけようと思っている。

だが、高齢になって介護を要することになっても、人間関係は介護職とだけ築くわけではない。**社会全体が、苦労して長生きしてきた人に優しい社会にならなければいけな**

いのだ。

岩谷先生のように、アロマセラピーという素晴らしい技術は、苦労して長生きした人への最高のご褒美になる。アロマセラピストの方がすべて岩谷先生のような人だとは限らないかもしれないが、岩谷先生がその後に紹介してくださった多くのセラピストの方たちは、みなさん素晴らしい人格者だった。

セラピストの方たちのトリートメントを見せていただくと、「苦労してきた手だね」「大変な時代を頑張って生きてきましたね」というような言葉が、口に出さなくても聞こえてくるようである。

介護職でなくても、世の中にはこういう気持ちを持った方たちがたくさんいる。**人が生きる、人生の意味を理解している人たちが協力し合って、長生きした人生が報われるような社会を創造していく。**これを実現していきたい。

そのためには、今の社会の仕組みを見直さなければならないかもしれない。学校の教育課程から変えていかなければできないことかもしれない。

私にそんな大それたことができるはずはないが、それでも一人でも多くの若者に、介護を通じて学んだこと、お年寄りが体を張って教えてくれたことを伝えていきたい。それが、「超幸齢社会」をつくる手段だと信じて、これからも闘魂を燃やしていこうと思っている。

すべての市民に最高の幸福を！

最後に、もう一つ。

この本の中でお伝えしてきた数々のエピソード。みなさんは、どう感じてくださっただろうか？ **介護職の持つ底知れぬ力**を感じてくれただろうか？ 福祉に対するイメージが変わっただろうか？ 私は最後に、意外と思われるかもしれないがあることを宣言しておきたい。

私がやりたいことは、もはや「福祉」ではない。

今さら何言ってんの!?と思われるかもしれないが、私がやりたいことはもはや「福祉」という定義から外れている。

「福祉とは「しあわせ」や「ゆたかさ」を意味する言葉であり、すべての市民に最低限の幸福と社会的援助を提供するという理念を指す」（ウィキペディアより）

この定義こそ、私がやりたいことは福祉ではない、という理由である。

私がやりたいことは「すべての市民に**最低限の幸福と…**」ではなく、「すべての市民に**最高の幸福と…**」なのだ。

私は、この仕事に就き、多くの高齢者と接するなかでたくさんのことを学んだ。

人生は、人それぞれ違いがあれど、決して平坦な道ではない、ということ。現代の高齢者は、戦中、戦後の苦しい時代を生き抜き、高度経済成長からバブル崩壊、震災と数々の試練ともいえる苦労をしながら生きてきたこと。

これだけ苦労して生きてこられた方たちの晩年が、最低限の幸福しか提供されないのでは報われない。人が生きるうえで苦労があったり、つらいこと、悲しいことがあるのはしかたがない。長生きするということは、それだけ得るもの、失うものがあるということだから。だからこそ、晩年は報われてほしいのである。**頑張って生きてきた人の苦労が、晩年、報われる。最高の幸福が待っている。そんな国が良い国だと思う。**生まれ変わるなら、もう一度この国に生まれてきたい。そんなふうに思える国にしたいのだ。

それを実現できるのが、介護職という職業である。

低賃金だ、重労働だ、人手不足だ、などと言われている場合じゃない、職業なのだ。

平成12年（2000年）から介護保険法が施行され、私たちの仕事は「介護サービス」になった。

料金を支払って介護を受ける。そもそもその時点から、職業としての介護は福祉ではなくなっていたのかもしれない。

しかし、ややこしいことを言うようだが、われわれの仕事は、福祉の理念を絶対に忘れてはいけない。福祉の理念の下に最高の幸福を実現し、最高のサービスを提供すること（あえて、社会的援助という言い方はしない）。

それこそが、私がやりたいこと。これからの残された人生で実現したいことである。

そのためには前述したように、それを実現する介護職を育成しなければならない。

ともに歩んでくれる人たちを増やさなければならない。

「人生なんて、瞬きしてる間に終わるぞ」

「今しかないぞ、俺たちがやるのは！」

その通り。私は、今も闘っている。

世の中には理不尽なことが多い。正しいと思うことも、実際に正しいことも通らない時代である。だが私は、絶対にギブアップしない。

猪木さんが言った、「夢なき時代と嘆く世に、夢を創れる人となれ！」

夢とロマンと闘いの旅を続けていきます。

闘魂、燃え尽きるまで！

エピローグ　～わが師　アントニオ猪木さんへの手紙～

拝啓

アントニオ猪木　様

突然お手紙を差し上げます失礼をお許しください。

私は東京・世田谷にある特別養護老人ホームさつき荘で生活相談員をつとめた後、現在はグループホーム奥沢・共愛の所長をつとめております山口晃弘と申します。

私は常々、介護職の指導にあたる際、「プロフェッショナルであれ」ということを伝えて参りました。介護は福祉であり、完全にビジネス化してしまってはいけないと職員たちに申してきました。介護であれ他の職業であれ、お金をいただいて働く以上はその仕事のプロであってほしいというのが私の願いです。

多くの人の影響でこのような考えになったのだと思いますが、私の人生に最も大きな影響を与えてくださったのは、元プロレスラーであり現参議院議員のアントニオ猪木さん、あなたでした。

小学生の頃からテレビでプロレスを観るようになり、特に〝燃える闘魂〟と言われた猪木さんのファイトにはたくさんの感動と刺激をいただきました。

今でも、疲れがとれない時や気持ちが乗らない時には、猪木さんの入場テーマである「炎のファイター」を聴いて出勤します。それほどまでに、私のなかに猪木さんという存在が大きく影響を与えているのです。

猪木さんの影響で弱かった自分を変えたくなり空手を始めました。空手を引退した後も、福祉の仕事を選択したのは、プロレスラーとして活躍しながら政治の舞台で闘っていた猪木さんの影響です。

猪木さんが執筆された『苦しみの中から立ちあがれ』『君よ苦しめ、そして生きよ』など、私にとっては何よりの人生の教科書です。猪木さんの生きざまに魅せられ、少しでも近づきたい、そう思ったのが今の自分につながっています。まだまだ未熟者ですが…。

ブラジル移民時代の苦労。力道山から新弟子の頃に受けた差別待遇。新日本プロレス旗揚げ。大借金を背負うことがわかっていながら男のロマンを貫いたモハメッド・アリ戦。緊張感漂う異種格闘技戦。夢のＩＷＧＰ。国会に〝卍固め〟を決めた参院選出馬。イラクでの人質解放。北朝鮮での平和の祭典。そして、70歳での政界再進出。今もなお私に夢とロマンと男の生きざまを見せ続けてくれる猪木さん。

安住の地を嫌い、常に闘いの場を求めて旅を続ける猪木さんの生きざまは、私に人生を教えてくれました。

福祉の仕事も闘いの連続です。高齢者の介護が仕事とはいえ、この国の介護は完成にはまだまだ遠い道のりがあります。なかでもさまざまな介護観を持った職員たちへの指導は、〝燃える闘魂〟がなければつとまりません。

おかげさまで、かつて私が心血を注ぎながら働いたさつき荘は、地域のみなさまから高い評価をいただく施設に成長しました。これは、自分たちの努力以上に多くのみなさまからのご指導、ご協力があってのことです。

猪木さんにこの場を借りて心より感謝申し上げます。本当にありがとうございました。

私はこれからも介護職員の地位向上、この国の介護、福祉の充実のために闘魂を燃やしていきます！

それでは最後になりますが、今後のご活躍を祈念しつつ筆を置かせていただきます。

敬具

＊　＊　＊

最後まで本書におつきあいいただき、ありがとうございました。

この本を書き始めたきっかけは、さつき荘の職員たちが成長していく姿を見ながら、介護という仕事の持つ底知れぬ魅力や、底知れぬスキルを感じたからです。介護職が持っている能力を高く評価していただき、職業的な地位向上を目指したい。それがこの国を本当の意味で成長させる最良の手段であると信じています。

誰しもが歳をとります。これだけはどうにもなりません。長い人生にはたくさんの苦労があります。たくさん苦労したから、たくさん無理をしたから歳をとって体がボロボロになるのです。今までできたことができなくなっていきます。そして、介護を要することになります。誰しもが行く道です。

その時に苦労して生きてきた人生が報われるような世の中であってほしい。それが私の願いであり、やるべきことだと思っています。そのためにはたくさんの若者（に限りませんが）に、介護の仕事を通して大切な心を伝えていかなければなりません。それが私のこれからの使命であり闘いだと思っています。

このたびの出版にあたりましてご尽力いただきました、私が講師をつとめさせていただいている介護スクール「ジョイカレッジ結」の森口秀志代表、ならびに株式会社ワニ・プラスの佐藤俊彦代表取締役にこの場を借りて御礼申し上げます。私のような者にチャンスを与えていただき、本当にありがとうございました。

また、さつき荘、グループホーム奥沢・共愛をはじめ「老後を幸せにする会」の利用者様、ご家族のみなさま、関係者のみなさま、そして職員たち…みなさんのおかげで今の私があります。このような私をいつもあたたかく見守り、お力をいただきまして誠にありがとうございました。

今後ともよろしくお願いいたします。

平成26年9月吉日

グループホーム奥沢・共愛　管理者

〝燃える闘魂〟介護士　山口晃弘

Q&Aコラム

介護施設を利用されたい方、ご家族の方へ “燃える闘魂” 介護士流 よい施設の選び方

Q 介護士から見た、良い施設とは？

A 建物がきれいで大きな施設に入居していれば、世間的な体裁は良いですが、大事なのは中身です。新しい施設はもちろんきれいですから売りになりますが、建物…つまりハードなどを売りにできるのは、最初の一年だけと思って良いでしょう。新しい物は必ず古くなりますから。

本文でも触れたように、ハードよりハート。そこで働く職員の気持ちこそが重要です。**施設を選ぶ場合はその前に必ず見学を依頼してください。**しばらくその施設にいれば、利用者と職員のやりとりなどを見聞きして雰囲気が伝わってくるはずです。

また、見学で案内されている間に、すれ違う**職員たちが笑顔で気持ちの良い挨拶をす**

るかどうかもポイントです。

介護施設は、働く職員にとっては職場、会社なわけですから、笑顔で挨拶して、お客様に施設に良い印象を持ってもらいたいというのは愛社精神、帰属意識が高いことの証《あかし》でもあります。

自分たちが良い介護をして、良い評価をいただいて、利用者、ご家族、関係者、職員にとって誇りに思われる施設になりたい！　そういう願いは良い介護につながります。

Q 認知症が急に進んで…すぐに入所できる施設はある？

A 難しい質問ですね。介護保険制度ができてから、利用者がサービスを選択できるようにするのが大きな目的の一つでしたが、実際には不十分と言わざるをえません。**希望する方の人数に対して施設の数が足りない**のです。

私の勤務する世田谷区のような人口が多いところだと施設の数も多いのですが、そのぶん利用希望者も多くなるため、やはりなかなか早期入居は難しい状況です。

ただし世田谷区の特養などの場合は、単純に申し込み順で入居できるのではなく、世田谷区に入居の申請をし、その際、いかに在宅での介護が困難であるかを「特別養護老人ホーム入所希望調査書」というものに記入して答えていただくことになります。それによって、ポイントがつき、**ポイントの高い方から入居できる仕組みになっています**ので、申請してもどうせ無理と諦めてしまわず、**各自治体に問い合わせ、相談すること**が大事だと思います。

地域包括支援センターも詳しく説明してくれたり相談に乗ってくれるので、一度、訪れてみるのが良いでしょう。

Q　施設では看取りまでしてくれる？

A　すべての施設が、看取りまでしているわけではありません。特養でも同じです。それは**入居が決まってから確認したのでは遅いので、見学の時点で話を聞いておく**のが良いと思います。

看取りといっても、一般的にイメージする看取りと**専門職が考える看取りとでは食い違いがある**かもしれません。

例えば、「医療に頼らない看取りができますか？」と質問すると、「延命を希望しないのであればできます」という答えが返ってきたりします。どういうことか一般の方にはよくわからないですよね。

ご高齢になると、嚥下機能が落ちて食事を食べられなくなることがあります。その際に胃や鼻から管を入れる「経管栄養」というものがありますが、この管理は医療行為になり延命ともいえます。このような**経管栄養になっても受け入れができる施設とできない施設があります**。

本当に何も望まず、自然のままに看取るということであっても、受け入れができない施設もあります。利用者様が意思を告げられるうちに、その時にどうしてほしいか気持ちをうかがっておくこと。入居前に施設側の方針を聞いておくこと。また入居した後でも施設側とよく話し合っておくこと。それらが大事になります。

Q　結局、「終《つい》のすみか」としては、どの施設がいいの？

A　これも個人の価値観、死生観などにより考え方が違うと思います。

高度医療のできる病院に入院して最後の最後までできる限りの治療をすれば、それを「できるだけのことはやった」と、ご本人、ご家族ともに満足できるといった考え方もあると思います。

逆に、すでに食事を口からとることができなくなった方に対して、管を入れたり点滴を入れたりすること自体を、「見ていて辛い」と思う方もいるでしょう。本文でも出てきますが、病院は治療の場、施設は生活の場と考えた場合に、**「治療しても治らないのであれば最期は生活の場で」というのもひとつの考え方**です。

どこが「終のすみか」として良いかということは、それぞれの価値観、考え方なので私の口からは何とも言えません。唯一、言えることがあるとすれば、ご本人の**人生の終焉はご本人の望むものに**、ということでしょうか。

どこで、誰に看取られて旅立ちたいか。元気なうちにはなかなか切り出しにくい話ではありますが、これをタブーにしてしまっていると、いざという時、判断が難しくなります。今はそのようなことをお元気なうちにご自身で書き遺しているような時代です。

遺言とは別の観点から、このようなことを逆に**構えてしまわずに家族間で話しておくこ**

とが大切ですね。

さつき荘でも「死をタブーにしない」というのを決めて、元気なうちに入居者の方から意向を確認するといったことに取り組んでいます。必ずしもご家族が切り出さなくても、**信頼関係を築けている職員なら、むしろ適度な距離感で話がしやすい場合も**あります。

Q　施設に預けたあと、家族はどのように関わったらいいの？

A　施設に入居していただいたということは、何か事情があってのことでしょう。個人的な意見としては、在宅で介護が難しいから施設に入居したのですから、無理はしないこと。これが大事だと思っています。

毎日、面会に行きたいと思えば行けばいいと思いますし、行きたくなければ行かなくていいと思います。施設に入居して**「介護サービス」と契約をしたわけですから、基本的にはプロの専門職に任せて良い**でしょう。

ただし**ニーズはしっかりと伝えて**ください。「ケアプラン」というサービス計画書を作成してくれるはずです。ニーズのないところにプランは立ちません。プラン作成の前にニーズ（要望）を聞かれるはずですから、ここで**しっかりと要望を伝えましょう**。

そのうえで、家族としての**今後の関わり方も施設の職員と一緒に考えたら良い**と思います。施設によっては「あまり家族が頻繁に来るといつまで経っても施設に慣れないので、あまり来ないようにしてほしい」などと言うところもあるそうです。これはおかしな話ですよね。朝から晩までずっと家族が来ているのはさすがにどうかと思いますが、**基本的にはご家族が決める**ことです。ご家族も、**施設の職員と気さくに話し合える関係を築き、お父様、お母様の幸せを一緒に考えていけるようになるのが理想**です。

Q 施設や職員の対応に疑問があるんだけど…どうしたらいい？

A 疑問でも苦情でも、**施設には苦情や相談に対する窓口となる人が決まっているはずです。契約書、重要事項説明書に記載されている**と思いますし、施設内の壁に掲示されているところも多いです。

ただ、昔から言われる悪い言い方を包み隠さず言えば、「施設に人質をとられているようなものだから言いたいことも言えない」というものがあります。これって、よく考えるとちょっと意味合いが違うんですよね。人質じゃないんです。だって返してもらうことはいつでもできますから。

本当のことを言えば、「言いたいことはあるけど、それなら退所してください、って言われたら困るから言いたいことも言えない」もしくは、「言いたいこと言ってたら、見えないところで何をされるかわからない」というもっと悪質なものです。

そこまでお客様に不信感を持たせてしまう施設はかなり危険ですが…。そういった場合は、もう一度、契約書や重要事項説明書をご覧になってください。**行政の苦情相談窓口の連絡先**が記載されていると思います。もし書かれていなければ、**市・区役所などに相談**すれば窓口を教えてくれます。

ですが、一番はやはり信頼関係ですよね。もしも、生活相談員など本来の窓口となる人が話しにくい場合は、現場の**職員で「感じの良い人」を見つけて声をかけてみる**のも、一つの手段です。私も介護職の頃からよくご家族とお話をしていました。ご家族の想いをしっかりと現場の職員に伝えられる人は、きっと介護職のなかにもいるはずです。

Q 施設を替わりたい、そんな時はどうすればいいの？

A 施設を替わることはもちろんできます。替わるというよりは、**退所することはできる**といったところでしょうか。施設ごとの**退所時のルールは契約書等に記載**されていますのでこれも確認が必要です。

ただ、替わるといっても**次に入居できる施設を探すのは容易ではありません**。すぐに入居できる施設がないとは言いませんが、入居金や利用料金が支払い可能な範囲じゃなかったり、面会に通えないぐらい遠い距離だったり、なかなか好条件では難しいかと思われます。

そのため、基本的には**希望した施設の空きが出るまで待機する**ことになります。結局、難しいということなんです。だからこそ、**施設選びは間違わないように**しなければいけません。建物など見た目に惑わされず、しっかりと中身を精査しましょう。入居してしまった後に気づくことがあれば、前の質問で回答した**苦情相談窓口に行って、施設のサービスの質を高めてもらうことが望ましい**と思います。

Q やっぱり在宅で看たい…どんな方法があるの？

A 介護の基本は在宅だと思います。やはり高齢になって介護を受けるようになったとしても、多くの方は自宅で生活できることを望みます。ただ、この**在宅介護は本当に甘くない**のです。

家族が要介護状態になり、家で介護しなければいけなくなったという状況は、ある日突然やって来ます。多くの人が介護のことを知りません。もちろん認知症のことも同様です。それなのにある日突然、「介護」が生活のなかの最優先課題になってしまうのです。

突然、介護者という立場になった人の多くは仕事をしています。働かないわけにはいかない。そう思って仕事に行くと、お爺ちゃん、お婆ちゃんが一人で家を出てしまって帰れなくなり、警察から連絡が入ってきます。保護してもらえたなら良い方です。交通事故にあうことも少なくありません。

また、認知症の方には、夜になっても寝てくれない方も多くいます。しかも、ご自分でトイレに行けず介護者を起こします。そうなると介護者は夜も眠れません。だからといって、気合いや根性でなんとかしていてもいけません。**介護は思うよりも長丁場です。**

私がお勧めするのは、**「他力本願介護」**です。献身的に介護することは本当に素晴らしいと思いますが、やはり**人間、どこかで息抜きをしないともちません**よ。そんな時は**自分に都合良く考えるのがお勧め**です。

例えば、お母様が認知症になったとします。介護している娘様のことがわからなくなっていて、少し介護に手を抜くと罵声を浴びせてきます。

そんな時は「これは、母が言ってるのではない。認知症が言わせているのだ。母にとって最愛の娘であるはずの私が、母の介護のために自分の人生を犠牲にしているなんて、本当の母が知ったらどれだけ悲しむだろうか。それは母の望みではない。母は私が幸せになることを願っている。だから私は母をショートステイに預けて旅行に行こう。温泉に入って疲れた身体を癒して、幸せな気分を味わったことを報告したら母はどんなに喜ぶだろうか」なんて具合に。

まぁ、状況は人それぞれ違うので一概には言えませんが、とにかくお互いに無理をしないことです。デイサービスだってショートステイだって、昔よりも事業所が増えてサービスを競合する時代になりました。単なるレスパイト（介護家族の負担軽減）的なサービスでは顧客満足は得られず、競合する会社に勝てませんから、今は競って良いサービスを提供しています。

そういう**サービスを利用しながら、上手く、長く、やっていくのが大事**だと思います。40歳から**介護保険料も納めているのですから、権利だと思って利用すれば良い**のです。

Q 認知症ケア、家族ができること、できないことは?

A これは、**実際に認知症の家族を介護した方に聞くのが一番**です。

認知症といっても程度はそれぞれですし、介護経験のある方たちにお話を聞くと、その大変さと介護に取り組む姿勢がイメージできるかと思います。

今は**認知症の家族を介護してきた方、現在している方たちが集まってお話をするコミュニティも多くあります**。そういう場に参加してみるのは、学びが多いのではないでしょうか。

私は職業柄、今まで在宅で介護されてきた方、されている方にたくさん会ってきました。そのなかで、無事に介護を終えた方、現在、順調に介護をしている方と会って感じることは、みなさん明るいということです。

在宅介護は本当に甘くないです。何度も何度も同じ言動を繰り返すお父様、お母様に手を上げてしまったご家族にもたくさん会ってきました。暴力は絶対に肯定されるべきではないと思いますが、だからといって、これを簡単に「虐待」という言葉で片づけてしまうことにも疑問が残ります。

私たちは、専門職といっても仕事で介護しているので、時間が来れば交代することができます。在宅介護は交代してくれる人がいません。つまり「ここまで頑張れば、お休み」というのがないのです。

だから、前の質問の回答同様に、無理をしないこと。

ケアマネジャーさんに相談して、デイサービスやショートステイを上手く利用しながら、「休み時間」をつくって続けていきましょう。

認知症の方の多くは、同じ話を繰り返したり事実と違うことを言ってきたりします。介護者がその言動に腹を立てて、感情的になってもいっこうに解決しません。**認知症の方の特徴として、実際の記憶よりも感情の記憶が残る**のです。実際に何があった、ということよりも、うれしいことがあった、悲しいことがあった、悔しいことがあったという時の感情だけが残り、その影響が続いてしまいます。

だから、家族の方が腹を立てて、感情的に怒ったりすると、怒られた、嫌な思いをしたという感情の記憶が残り、その後しばらくそのネガティブな感情が続きます。そうすると悪循環です。結局、家族はさらにイライラしたり、喧嘩になってしまうこともあるのです。

認知症ケアの基本は受容です。いくら事実と違うことを言っても、認知症の方の時計は壁や腕にあるのではなく、ご自分のなかにありますから、その方のなかのリアルな時間を生きているのです。それを介護者が否定することは、認知症の方にとって介護者が「嘘つき」になってしまうのです。

そのような**体験談を在宅介護を経験されている方たちから聞けると、大変参考になる**と思います。ぜひコミュニティに参加してみてください。

Q 認知症予防、自宅でできることは？

A 最近は、テレビ番組などで認知症予防に効果があることを紹介していますね。コーヒーが良い、お茶が良い、歩くことが良い、枝豆に含まれるレシチンが良い…どれも医師が紹介していることですから、正解なのだと思います。

医学的なことはさておいて、私は**経験則で言うと「大笑い」することはとても良いこと**だと思っています。「笑顔」とか「笑い」とかじゃなくて、「大笑い」です。

私が現在勤務するグループホームは、認知症対応型共同生活介護といって、医師から認知症の診断を受けていることが入居の条件になっています。ですから認知症の方しかいないのです。

ところが、見学に来られた方から「あの方も認知症なのですか？」と、よく聞かれます。見学に来られた方たちには、入所者のあまりにもお元気で、しっかりされている姿がとても認知症には見えないようです。たしかにここのところ、介護保険の更新時期に認定調査の結果、要介護度が下がる方が増えています。うれしいことです。

入居者のみなさまは、「ははは」とか「ほほほ」とかではなく、「あーはっはっ！」と大笑いされています。笑うことはとても大事で、免疫力の向上などは医学的にも証明されています。

ただ、認知症は脳の器質的変化ですから根本的な治療効果があるとは思いません。しかし、**認知症が問題なのではなく、認知症になったことで起きる症状が問題なのですか**ら、そういう意味では、笑って、穏やかに過ごせることはとても良いことではないでしょうか。**予防の観点からいっても、笑うことは気分を高揚させ血流も良くしますから効果的**だと思います。

今は独居高齢者も増えています。これからの時代はますます増えていくことでしょう。昔のように近所づき合いがあれば良いのですが、現代社会は近所づき合いも希薄になっています。高齢になって家で一人で過ごしていることは健康的にも良くないですし、精神的にも良いことはないでしょう。

できるだけ**ふだんから外に出て人に接し、できれば何か役割を持って、昨日と今日では違う毎日を送ることが認知症予防になる**のではと考えます。

最強の介護職、最幸の介護術

〝燃える闘魂〟介護士が教える大介護時代のケアのあり方

２０１４年10月25日　初版発行

著者　山口晃弘

山口晃弘（やまぐち・あきひろ）
１９７１年東京都生れ。高校卒業後、設計士、身体障害者施設職員を経て、社会福祉法人老後を幸せにする会・特別養護老人ホームさつき荘に入職し、介護職・生活相談員を務める。現在同法人・グループホーム奥沢・共愛管理者。介護福祉士、介護支援専門員（ケアマネジャー）。高校３年の時に極真会館へ入門し12年間所属。身長１８０cm・体重90kg。特技はスクワットで今までの最高はジャンピングスクワット１０００回６セット。尊敬する人物はアントニオ猪木、長州力。座右の銘は「正義なき力は無能なり、力なき正義も無能なり」（大山倍達）、「時には泥を被るのも男」（「プロレス・スーパースター列伝」でのＡ猪木の言葉）。妻、猫と暮らす。

発行者　佐藤俊彦
発行所　株式会社ワニ・プラス
〒１５０－８４８２
東京都渋谷区恵比寿４－４－９　えびす大黒ビル７Ｆ
電話　０３－５４４９－２１７１（編集）
発売元　株式会社ワニブックス
〒１５０－８４８２
東京都渋谷区恵比寿４－４－９　えびす大黒ビル
電話　０３－５４４９－２７１１（代表）

装丁　橘田浩志（アティック）
小栗山雄司
編集協力　森口秀志
ＤＴＰ　平林弘子
印刷・製本所　大日本印刷株式会社

JASRAC 出 1412517-401

ISBN 978-4-8470-6075-5
ワニブックス【PLUS】新書ＨＰ　http://www.wani-shinsho.com